Tiefe Wälder, dunkle Legenden

Josef Probst

Ohetaler Verlag

Impressum

Tiefe Wälder, dunkle Legenden

2020

Fotos und Texte

Josef Probst

Titelseite

www.fichterdesign.de

Lektorat

Stephanie Leppert

Herausgeber

Ohetaler Verlag

Finkenweg 13, D 94481 Grafenau

Tel.: 0049(0)8552 4200

www.ohetaler-verlag.de

E-mail: Ohetaler-Verlag@gmx.de

ISBN: 978-3-95511-120-5

Inhaltsverzeichnis

Anmelden

ZUM GELEIT

Geheimnisvolles in Landschaft und Natur – bizarre Felsformationen, moosbekleidet wie die knorrigen Bäume nebenan. Und alte, uralte Geschichten.

Sagenumwoben, sagenhaft … buntes Brauchtum, greulich-komische Masken, verkörperte Erzählungen – Gestalten wie aus dunklem Traum.

Ein Jahreslauf voller Erzählungen von Armen Seelen und Frühlingsgeistern, von Waldkrampussen, vom Wolfsauslassen, von Palmgerten und Osterbräuchen - alles umrahmt von Sage und Erzählung und von einem Jahreslauf voller Heiliger und ihrer Festtage.

Von der dunklen Thomasnacht – vom Bluadigen Dammerl, in dem einige den Alten Donar–Gott wohl wiedererkennen: der Dammerl mit dem Hammer … und seiner ebenso blutigen Jahreszeitgefährtin – der Luzia.

Rauhnächte, wilde Jagd, Frau Percht – helfende Heilige – alte heidnische Festtage, umgedeutet vom Christentum, und auch verteufelt.

So zieht der alte griechische Gott Pan mit seinem Pferdefuß, den Hörnern und dem Bocksschwanz wohl vor alters die Donau herauf und hält sich als ein komisch skurriler nur noch fast gefährlicher Dummer Teufel - und wenn er die braven Mönche des Klosters Metten ersäufen will, gelingt`s ihm nicht -wegen der Kirchenglocken trifft der Fliegende die Donau zum Stauen nicht – davon zeugt der Natternberg noch heute - doch in den tiefen Wäldern des Bayerwaldes sitzen seine Spießgesellen und er selbst, der Grünhütl, hinter den Felsen und gar auf den Bäumen. Und wenn der brave Wanderer ihn sitzen sieht, behilft und behütet ihn ein inniges „Jessas, Maria und Joseph !“

Ein solcher Baum heißt heute noch „Die Josephsbuche“, hoch droben auf der Rusel …

Die Schalen sind noch zu sehen aus denen er dereinst gegessen hat - am Teufelstisch bei Bischofsmais – auch hier waren es die himmlischen Töne der Glocke eines frommen Einsiedlers, des Seligen Hermanns, die ihn vertrieben. Entstanden ist die älteste Wallfahrt im Bayerischen Wald.

Woanders – in der Saulochschlucht – da Kegeln einst die Teufel – und einen nächtlichen Wanderer verdonnern sie zum Kegelburschen – und wenn es donnerte, da wussten die Alten , dass jetzt der Petrus „Kegel scheibt“. Vor Petrus waren es die Heidengötter, bis dass sie dann verteufelt wurden …

Waren es die Kelten, die Germanen, die Bajuwaren - unsere Vorfahren so und so halt – allemal.

„Zwerge, Kobolde und Wichtelmänner sind bekanntlich die letzten Lebensformen der alten heidnischen Götter. Wo diese nach der Christianisierung nicht unter den barmherzigen Deckmantel eines christlichen Heiligen schlüpfen und auf diese Weise ihr Dasein weiter fristen konnten sanken sie zu Wichteln, Zwergen und Unholden herab.“ (Alfred Weitnauer).

Aber sie verschwinden nicht!

Sie sind Bilder unserer Seelentiefe – tief eingeschrieben, eingebettet in uns allen - allen Menschen, tauchen auf in unterschiedlicher Gewandung, in „lokaler Tracht“, sinken manchmal von ausgeformten Gottheiten zu gnomenhaften Dämonen ab – so wie unser Inneres sie formt - manchmal hell und bewusst – zu Zeiten dunkel, bisweilen unbewusst.

Die Alten Götter sind Archetypen – Urbilder der Seele.

Die tiefsten Wurzeln der Seele – archetypische Gefilde. Dort wo die Träume wurzeln – dort wo die Mythen wurzeln.

Volkssagen sind ein Hort der Seelentiefe und ihrer Bilder – aber auch der Landschaft und ihrer Jahrhunderte. In mannigfaltiger Verkleidung kommen die uralten Gestalten uns entgegen, wohnen auf Bergen, in Wäldern, aber auch tief in uns drinnen.

Die Sagen und Legenden des Bayer- und Böhmerwaldes stellen einen Schatz dar – einen ungeheueren Reichtum, vergleichbar durchaus dem Corpus des Mythologie des antiken Hellas.

TIEFE WÄLDER - DUNKLE LEGENDEN

Das ist die Welt des Sepp Probst – über die er erzählt und schreibt, in all seinen Büchern, auf seinen Vorträgen und seinen Führungen, seit vielen Jahren. In der er lebt und die er bewahrt für unsere Zeit.

Deggendorf, am Josefitag, den 19. März 2020

Jakob Wünsch

Hexen

Hexenblöße

In der Nähe des Dorfes March gibt es einen seltsamen Ort, der Hexenblöße oder Hexenbless heißt.

Laut den alten Sagen war dies ein Treffpunkt für die Hexen der Umgebung, hier versammelten sie sich und machten die Hexereien aus, mit denen sie die umliegenden Dörfer malträtierten.

Die boshafteste Hexe, die hier ihr Unwesen trieb, soll Akanita geheißen haben, sie war die Oberhexe dieses Landstriches. Die Hexenbless war ihr Versammlungsort, hier berief sie Hexentreffen ein, wenn sie für große Zauber die Hilfe der anderen Hexen brauchte. Hier bestellte sie die Hexen ein, um ihnen zu befehlen, welchen Schaden sie in dieser Gegend anrichten sollen und hier machten neue Hexen den Bund mit dem Teufel.

Das Wort Blöße oder Bless steht im Bayerischen Wald für einen kahlen Fleck. Genau das ist die Hexenbless, eine Stelle im Wald, auf der kein Baum richtig wachsen will.

Dieser Ort, an dem nichts richtig wächst, war natürlich für die Anwohner ein seltsamer Ort, es mussten höhere negative Mächte im Spiel sein, die diesen Ort zu dem machten was er ist. Da der Hexenglaube im Bayerischen Wald sehr groß war und teilweise noch ist, konnte es nur eine Erklärung dafür geben. Dies konnte nur ein Hexenplatz sein, ein Treffpunkt für die Hexen unter sich oder gar mit dem Teufel. Ihre böse Aura ließ die Natur verderben und so konnten keine Bäume groß werden.

Wie entstand die Hexenbless

Vor vielen hundert Jahren geschah Seltsames auf einem Bauernhof bei Leuthen. Es gab schon mehrere Jahre hintereinander schlechte Ernten, die Tiere wurden krank oder gaben grundlos wenig Milch. Auch die Bewohner des Bauernhofes wurden von Krankheiten heimgesucht.

Nach einiger Zeit waren sich die Bewohner sicher, dass dies alles nicht mit rechten Dingen zugehen kann. Es muss eine Hexe in der Gegend sein, die ihnen böse mitspielt.

Da wandten sie sich an den Pfarrer, ob er nicht diesen Hexenzauber abwehren könnte, aber der Pfarrer schaffte es nicht. Seine Kraft reichte nicht gegen den bösen Hexenzauber. So gingen die Bauersleute zu einem Kloster und fragten die Pater um Beistand. Die Pater waren zu früheren Zeiten bekannt dafür, dass sie in ihren uralten Bibliotheken Abwehrsprüche gegen alles Böse hatten.

Die Pater sagten ihnen ihre Hilfe zu und kamen auch baldigst auf den Hof. Sie hatten einen Zettel dabei, auf dem ein in Latein geschriebener Abwehrspruch gegen Hexenzauber stand.

Als die Pater mit der Zeremonie anfingen, fiel ihnen auf, dass sie ihre Glocke, mit welcher sie am Ende läuten mussten, im Kloster vergessen hatten. Da sagte der Bauer, ob nicht die Glocke, welche an seinem Pferdegeschirr hing, auch genügen würde.

Einen Versuch wäre es wert, dachten sich die Pater und so montierte der Bauer die Glocke ab und gab sie ihnen.

Die Pater begannen den Abwehrspruch zu lesen, und als sie fertig waren, läutete einer mit der Glocke. In den Augenblick sahen sie, wie eine Hexe vom Bauernhof wegflog, in Richtung des zum Hof gehörenden Waldes, wo sie landete. Dann hörten sie einen großen Knall, wie wenn die Hexe mit übernatürlicher Kraft auf den Boden geschlagen hätte.

Sie machten sich auf den Weg und gingen zu dem Ort. Dort trauten sie ihren Augen nicht. Alle Steine waren zersprungen und alle Quellen, die an dieser Stelle aus dem Boden traten, waren versiegt. Der Ort wurde seitdem Hexenbless genannt, noch heute sollen sich dort die Hexen umtreiben.

Diese Glocke und den Zauberspruch hob sich der Bauer in einem schmiedeeisernen Kasten im Keller auf. Nur den Schwengel aus der Glocke entfernte er, so dass diese nicht einmal unabsichtlich geläutet würde und sie den Zorn der Hexe wieder auf sich ziehen würde.

Anhand des Aussehens der Glocke und des Pferdegeschirrs muss sich diese Geschichte weit vor 1700 abgespielt haben.

Zaun

Ein Knecht war von Leuthen nach Arnetsried gegangen, um dort jemanden zu besuchen. Als es schon dunkel war, machte er sich auf den Rückweg. Als er durch den Wald ging, an der Hexenbless vorbei, versperrte ihm ein Zaun den Weg. Diesen Zaun hatte er noch nie gesehen, obwohl er diesen Wald wie seine Westentasche kannte.

Als er gerade über den Zaun steigen wollte, hielt ihn jemand fest und der Zaun hob sich, wie von Geisterhand bewegt, mit ihm in die Luft.

Als der Knecht am nächsten Tag noch nicht heimgekommen war, wurde nach ihm gesucht. Er wurde ohnmächtig neben der Hexenbless gefunden, über und über mit Kratzern versehen und mit Haselnussstöcken zugedeckt. Es waren aber keine Kratzer, wie sie von Büschen oder Sträuchern verursacht werden – man sah deutlich, dass es Kratzer von Fingernägeln waren.

Er wachte erst auf, als sie ihn schon ein gutes Stück getragen hatten. Was genau passiert war, nachdem sich der Zaun in die Luft erhoben hatte, wusste er nicht mehr. Er brauchte einige Tage, um sich zu erholen.

Keiner glaubte ihm die Geschichte, alle waren sie der Meinung, dass er sicherlich betrunken gewesen war. Aber als sie dann den Wirt von Arnetsried fragten, wie viel er getrunken hatte, sagte ihnen dieser, dass er nichts getrunken hatte und völlig nüchtern war, als er sich auf den Heimweg machte.

Das Wort Hexe soll sich vom alten Wort Hagazusse ableiten, was so viel heißt wie Zaunreiterin. Die Hexe sitzt praktisch auf dem Zaun zur Anderswelt, einen Fuß in dieser und einen in der anderen Welt. Sie schafft es, in beiden Welten zu sein. Steckt hinter dieser Sage, dass der Knecht gern die magischen Kräfte der Hexen haben wollte, den Übertritt in die magische Welt probierte, aber kläglich gescheitert ist und dafür büßen musste?

Hexe kommt von der Hexenblesse zu den Berghäusern herüber

Eine junge Frau ist allein zu Haus und sieht schon von weiten, wie sich eine alte, komplett in schwarz gekleidete Frau, vom Wald, in dem die Hexenblesse ist, genau auf ihr Haus zubewegt. Die Frau sperrt vor Angst alles zu und versteckt sich unterm Stubentisch. Die Hexe rüttelt an der Tür, geht von Fenster zu Fenster, sie weiß genau, wo sich die junge Frau versteckt hat und sie hinschauen muss und grinst auf die junge Frau bösartig herein.

Foto: Stephanie Leppert

Die Kapelle am singenden Stein

Das Burgfräulein Theorina von Weißenstein war in den Ritter Gebar von Ruhmannsfelden verliebt, beide trafen sich oft in der Mitte der Wegstrecke zwischen Ruhmannsfelden und Weißenstein. Oberhalb Göttleinsberg im Wald war ein großer Felsen, hier war ihr Treffpunkt. Eines Tages wollte Gebar an einem Ritterturnier teilnehmen, er verabschiedete sich von Theorina und versprach ihr bald und ruhmreich zurückzukommen. Das Burgfräulein hatte solche Sehnsucht nach ihrem Geliebten, dass es jeden Tag zu dem Felsen ging, in der Hoffnung Gebar sei schon wieder zurückgekommen. Auf dem Turnier geriet dieser aber in Streit mit einem anderen Ritter, welcher ihn zu einem Duell auf Leben und Tod forderte, Gebar nahm diese Herausforderung und wurde tödlich verletzt.

Als Theorina diese Kunde erhielt, wartete sie wie jeden Tag gerade an diesem Felsen. Sie weinte so stark, dass sie erblindete. Blind und hilflos saß sie vor dem Felsen, als die Hexe Akanita sie sah. Akanita war die oberste Hexe der Gegend und hauste auf der Hexenblesse, auf der gegenüberliegenden Anhöhe. Die Hexe sprach: „So nun hab ich dich, du Christin“, sie sprach einen Zauber aus und verbannte das Burgfräulein für alle Zeiten in den Felsen.

Oft kamen Jäger oder Holzarbeiter an diesem Felsen vorbei, komischerweise hörten sie dort immer eine Frauenstimme singen, es hörte sich so an, als wenn diese Stimme aus dem Felsen käme. Eines Tages kam ein Steinmetz vorbei und wollte dieser Sage auf den Grund gehen, er meißelte ein großes Loch, da er der Meinung war, dass dieser Felsen innen hohl sein musste und das Burgfräulein darin gefangen war. Aber nach einiger Zeit merkte er, dass dieser Stein nicht hohl war, und beendete seine Arbeit. Später baute man an diesen Felsen eine Kapelle und das Loch im Felsen nutzte man als Altar. Seit dieser Zeit wird diese Kapelle als „Kapelle am singenden Stein“ bezeichnet.

Tagwächter

Laut alten Überlieferungen, sollen die Hexen von Hexenbless, nur in der Nacht ihre magische Macht haben. Am Tag sind Hexen wehrlos, genau so schutzlos somit die Hexenbless. Um diese vor ungewünschten Besuch zu schützen, soll es einen sogenannten Tagwächter geben, der in diesem Wald darauf aufpasst.

Dieses Wesen soll eine große, menschenähnliche Gestalt haben, mit einem schwarzen langen Mantel und einen großen schwarzen Hut. Er achtet darauf, dass sich keiner dem magischen Ort Hexenbless nähert, in dem er die Leute in die Irre lockt oder ihnen Angst einjagt, dass sie umdrehen und nicht weiter gehen.

Es gibt Berichte, dass viele Leute, die in der Nähe der Hexenbless waren, immer das Gefühl hatten, beobachtet zu werden.

Laut einer Erzählung soll das Burgfräulein, welches in den singenden Felsen gebannt wurde, nur von einer Frau befreit werden können. Nur bestimmte Frauen sollen den Bann brechen können.

Der Tagwächter, soll auch hier den Auftrag von den Hexen haben, keine Frau, die dazu im Stande wäre, zu dem Felsen gehen zu lassen.

Foto: Stephanie Leppert

Schwarze Gestalt bei Leuthen

Eine junge Frau macht, so oft es geht, bei Bekannten im Bayerischen Wald Urlaub. Eine ihrer Lieblingsbeschäftigungen sind dort Ausritte mit einer Freundin auf den am Hof lebenden Pferden. Die Touren gehen über die Wiesen und auch durch die angrenzenden Wälder. So machten sich die beiden eines Tages wieder auf zu so einer Tour, welche Richtung Hexenbless gehen sollte. Die Hexenbless ist ein kahler Ort mitten im Wald. Als sie die Wiese verließen und in den Wald ritten, bemerkten sie, dass die Pferde die Ohren anlegten und mit dem Schweif und den Hinterhufen immer ausschlugen. Die Freundinnen bekamen ein seltsames Gefühl und glaubten, dass ihnen jemand folgt. Aus den Augenwinkeln sahen sie dann einen großen, schwarz gekleideten Mann mit großem schwarzen Hut, aber jedes Mal, wenn sie sich umdrehten, um genauer zu sehen, wer ihnen da folgt, verschwand er hinter einem Baum. Auch wenn sie ihn anredeten: „Wer bist du?“ oder „Was willst du?“, bekamen sie keine Antwort. So wurde den beiden unheimlich zu Mute und sie verließen auf schnellstem Weg den Wald und ritten nach Haus. Am nächsten Tag wollten sie dieselbe Strecke nochmal reiten und wieder sahen sie die schwarze Gestalt. Sobald sie den Wald betraten, folgte er ihnen. Drehten sie sich um, verschwand er hinter einem Baum. So nahmen sie all ihren Mut zusammen, wendeten die Pferde und wollten den Mann zur Rede stellen. Sie ritten zu dem Baum, hinter welchem er gerade verschwunden war. Doch zu ihrer Verwunderung konnten sie niemanden sehen. Keiner da, wie in Luft aufgelöst. So setzten sie ihre Tour fort, aber nach kurzer Zeit war der schwarze Mann wieder hinter ihnen. Von Angst ergriffen, ritten sie, so schnell es ging, wieder aus dem Wald. Die beiden konnten sich nicht erklären, wer ihnen da folgte, beiden waren sich aber sicher, dass es hier nicht mit rechten Dingen zugehe.

War dies der sogenannte Tagwächter?

Fliegenblätterpilz und die Hexen

Früher glaubte man, dass der Name des Fliegenblätterpilzes, auch Fliegenpilz genannt, daher kommt, dass sich die Hexen aus dem Pilz eine Salbe machten. Diese Salbe soll ihnen das Fliegen ermöglicht haben und wurde deshalb Flugsalbe genannt.

Dieser Pilz ist seit vielen Tausenden Jahren dafür bekannt, dass man aus ihm eine berauschende Droge machen kann. So wird es wahrscheinlich der Fall gewesen sein, dass Schamanen, Druiden und kräuterkundige Menschen das wussten und diese Droge auch anwendeten. Es mag den Berauschten so vorgekommen sein, als würden sie durch die Luft fliegen, woher der Glaube an eine Flugsalbe stammte.

Der Fliegenpilz an sich ist giftig. Die Dosierung und Verarbeitung des Pilzes zu einer Droge war sehr schwierig und konnte bei falscher Dosierung sogar zum Tod führen.

Foto: Wolfgang Schreil

Hexenei

Die jungen Fliegenpilze, welche ihren Schirm noch nicht entfaltet haben, werden im Volksmund Hexenei genannt, da sie der Form eines Eies ähneln. Da der Pilz an sich giftig ist, kann dies also nur ein Hexenei sein, so dachte man.

Erotische Darstellungen der Hexen

Es gibt viele Bilder oder Holzschnitte aus dem 15. bis 18. Jahrhundert, auf denen die Hexen nackt und in eindeutigen Posen dargestellt werden. Dies geht auf den Glauben zurück, dass sich Hexen den Dämonen anbieten und mit ihnen orgiastische Feste feiern. Es mag an den Geständnissen mancher der Hexerei beschuldigten Frauen gelegen haben, die dies freiwillig oder unter Folter erzählten.

Angeblich bereiteten sich die Hexen aus Kräutern und Pilzen Salben und Suppen, welche sie in die andere Welt eintauchen ließen. Diese wurden dann nicht allein verzehrt, sondern in Gruppen von Teufelsanbetern.

Manche dieser Pilze und Kräuter, so weiß man heute und wahrscheinlich damals schon, regen den Sexualtrieb der Menschen an, welcher durch den Drogenrausch noch intensiviert wurde. So war es möglich, dass es tatsächlich zu solchen Orgien gekommen ist.

Dies spiegelt sich dann in den Bildern über Hexentänze und den Hexensabbat wieder.

Foto: Frank Gesink

Woiperlbleame

Walpurgisnachtsblume wurde die Sumpfdotterblume von unseren Vorfahren genannt, da sie, wenn die Walpurgisnacht ist, schon blüht.

In der Walpurgisnacht wurde sie oft abgezupft und vor die Haus- und Stalltüre gelegt. Dies sollte die Hexen davon abhalten das Haus und den Stall zu betreten und somit Unheil über das Anwesen zu bringen.

Die Sumpfdotterblume symbolisierte das Sonnenlicht, da sie so schöne gelb leuchtete. Das gute Licht der Sonne sollte das Böse fernhalten.

Foto: Wolfgang Schreil

Hexe am Straßenrand

Nach der Geburtstagsfeier des Vaters wird der 15-jährige Sohn von seinem Vater gebeten, das Gartentor zu schließen. Es ist 2 Uhr morgens. Als der Junge zum Tor hinaufgeht, sieht er auf der anderen Straßenseite eine uralte, bucklige Frau mit Kopftuch, die ihn mit den Augen fixiert hat. Der Junge kann sich vor Schreck nicht mehr bewegen. Die Frau schaut ihn weiter an, als wolle sie ihn mit den Augen festhalten. Der Junge steht schon eine ganze Weile in der Einfahrt, wie gefangen, als ihn plötzlich der Ruf des Vaters aus dem Bann holt. Dieser steht hinter ihm und fragt ihn, wo er so lange bleibt. Die alte Frau aber ist verschwunden.

Hexe im Wald

Ein Mann aus Bodenmais ging mit seinen beiden Dobermännern im Wald spazieren, in dem Waldgebiet, wo sich der Riederinfelsen befindet. Plötzlich bemerkte er, dass seine beiden Hunde stehen blieben, in den Wald starrten, die Nackenhaare aufstellten und zu bellen begannen. Als der Mann in dieselbe Richtung sah, bemerkte er eine alte buckelige Frau, die zwischen den drei dort befindlichen Birken stand. Die Frau musste schon sehr alt sein, so gebückt, wie sie dort stand, dachte sich der Mann. Um seine Hunde zu beruhigen, ging er schnell zu ihnen, ohne die Frau aus den Augen zu lassen. Bei den Hunden angekommen, schaute er kurz zu ihnen, um sie an ihren Halsbändern zu halten. Als er wieder zu der alten Frau schaute, war diese spurlos verschwunden, auch die Hunde waren wieder still, als wär nie was gewesen. Seltsam, dachte er sich, wo könnte die Frau so schnell hingekommen sein, es war kein so dichter Wald hier, dass sie sich verstecken konnte, aber sie war nirgends zu sehen. Mit einem seltsamen

Gefühl ging der Mann weiter, bis heute kann er sich nicht erklären, wo die Frau hingekommen war, er schaute doch nur für Sekunden zu seinen Hunden runter.

Hexe

In der Nähe von Gotteszell lebte vor einigen Jahren eine alte Frau, die den Ruf hatte eine Hexe zu sein. Die Leute mieden diese Frau. Falls das Treffen dieser Frau unvermeidbar war, waren die Leute immer sehr freundlich zu ihr. Sie glaubten, dass die alte Frau ihnen etwas Böses anwünschen konnte, wenn man sie verärgerte.

Auch heute noch vermeiden viele Menschen, die diese Frau kannten, etwas über sie zu erzählen, obwohl die vermeintliche Hexe schon vor einigen Jahren verstorben ist. Auch wer nach ihrem Tod schlecht über sie redet, den soll sie aus dem Grab heraus noch mit einem Fluch belegen können. Bis zum heutigen Tag werden jedes Jahr Messen für diese Frau gelesen, obwohl ihr Tod schon viele Jahre zurück liegt.

Hier nun einige Geschichten, was sich damals zugetragen haben soll:

Stachelbeerdieb

Die alte Frau, die im Dorf als böse, gar als Hexe verrufen war, stand am Gartenzaun bei ihrer Nachbarin und ratschte mit dieser. Da bemerkte die alte Frau, dass ein Junge aus dem Dorf sich an ihrem Stachelbeerenbusch zu schaffen machte. Er pflückte ein paar, um diese zu essen. Da schrie die Alte den Jungen an: „Lass meine Stachelbeeren in Ruhe, diese gehören mir und sie sind noch nicht mal richtig reif.“ Der Junge zuckte erschreckt zusammen und lief zu seinem Fahrrad. Die

Alte sagte verärgert zu ihrer Nachbarin: „Immer dasselbe mit diesem frechen Jungen, wenn sie ihm nur mal so große Kieselsteine aus dem Knie ziehen müssten, so groß wie meine Stachelbeeren." Als sie dies sagte, griff sie mit einer Hand in ihre Schürze und rieb etwas darin.

Der Junge war in diesem Augenblick gerade so schnell es ging mit dem Fahrrad davongefahren. Als er in die erste Kurve bog, rutschte sein Vorderrad weg und der Junge schlitterte über den Feldweg. Die alte Frau und die Nachbarin sahen den Unfall des Jungen, die alte Frau hatte ein schadenfrohes Lächeln im Gesicht. Vor Schmerz schrie der Junge auf, dass gleich das halbe Dorf zusammenlief. Er schlitterte mit seinen Knien über die Kieselsteine des Feldweges, einige drangen tief in sein Fleisch ein. An Ort und Stelle säuberten die Helfer die Wunde, auch mussten sie dem Jungen die Kieselsteine aus dem Knie ziehen, wobei er vor Schmerz schrie.

Die Nachbarin war sich sicher, dass die alte Frau dem Jungen diesen Unfall angewünscht hatte.

Baumschänder

Die alte Frau hatte eine Obstwiese mit einigen Apfelbäumen darauf. Oberhalb der Wiese waren ein paar Häuser. Die Bewohner dieser Häuser störten sich an den Bäumen, da diese immer größer wurden und die schöne Aussicht störten. Aber jeder Versuch, mit der alten Frau zu reden, ob sie diese Bäume nicht stutzen lassen könnte, scheiterte sofort unter wüsten Beschimpfungen, welche die Frau ihnen an den Kopf warf. Eines Tages war die Alte bei ihren Bäumen, als sie bemerkte, dass alle welke Blätter hatten. Als sie genauer nachsah, bemerkte sie, dass den Apfelbäumen die Wurzeln abgehakt und dann fein säuberlich die Erde wieder darüber geschlossen worden war. Den Bauch voller Wut, ging sie zurück ins Dorf, wo sie dem Erstbesten das Geschehen erzählte: „Derjenige, der diesen Frevel gemacht hat, dem sollen ebenso die Füße einmal runter hängen, wie meinen Bäumen die Blätter." Als sie das sagte, griff sie mit einer Hand in die Schürze und rieb an etwas, dass sie in ihrer Schürzentasche hatte.

Einige Tage später, hatte ein Mann, der in den Häusern oberhalb der Obstwiese wohnte, einen Autounfall. Bei diesem wurde er so stark verletzt, dass er querschnittsgelähmt war. Die Menschen im Dorf munkelten, dass dies wahrscheinlich derjenige war, der den Bäumen die Wurzeln abgeschnitten hatte, und den nun der Fluch der alten Frau traf.

Kuhstall ausweißeln

Ein Bauer wollte seinen Kuhstall renovieren, da kam ihm die Idee, seine Nachbarin zu fragen, ob er seine Kühe in ihrem leer stehenden Stall unterstellen dürfte. Seine Frau riet ihm ab, da die Nachbarin als Hexe verrufen war und dies sicher keine gute Idee sei. Der Mann glaubte nicht an Hexen und so ging er zu der Nachbarin und fragte diese. Der alten Frau war es anfangs nicht recht, sie hatte vor einiger Zeit die Landwirtschaft aufgegeben und den Stall reinigen und weißeln lassen. Die Kühe würden wieder alles verdrecken, sagte sie ihm. Er versprach ihr aber, alles wieder zu reinigen und den Stall neu zu weißeln, sobald die Kühe wieder in seinen Stall konnten. Unter diesen Bedingungen willigte die alte Frau ein. Ein paar Tage später trieb der Bauer die Kühe in den Nachbarstall und begann mit der Renovierung seines eigenen Stalles. Nach kurzer Zeit war er mit dem Renovieren fertig und holte seine Kühe wieder in seinen Stall zurück. Den Stall der Nachbarin reinigte er gründlich, aber das Weißeln unterließ er, da er der Meinung war, dass die Wände nicht dreckig waren. Die alte Frau aber war darüber so erzürnt, dass sie ihn wüst beschimpfte. Sie wünschte ihm, dass er kein Glück mehr mit seinen Kühen haben sollte. Der Bauer dachte sich nichts dabei und gab nichts auf das Geschimpfe der Alten. Etwa ein Jahr später lag eine tote Kuh in seinem Stall, der Tierarzt konnte aber keine Ursache feststellen. Der Bauer dachte sich nichts dabei, kommt halt mal vor, war seine Aussage. Wieder ein Jahr später dasselbe, wieder fand er eine tote Kuh im Stall, ohne dass es eine Erklärung dafür gab. Da sagte ihm seine Frau, dass sie glaube, dass dies der Fluch der alten Nachbarin sei. Er winkte gleich ab und sagte ihr, dass er nichts von dem Gerede halte. Nun ging dies aber in den nächsten Jahren so weiter, jedes Jahr eine tote Kuh im Stall. Langsam wurde es dem Bauern selber unheimlich und immer wieder kamen ihm die Worte der Nachbarin ins Gedächtnis. Kein Glück mehr mit den Kühen. Dies ging so lange so weiter, bis die alte Nachbarin gestorben war, von da an starb keine Kuh mehr im Stall. Nun war sich die Bauersfamilie sicher, dass es doch der Fluch der alten Hexe gewesen war, der ihre Kühe sterben ließ.

Hexe verflucht die Kühe

Obwohl diese alte Frau, nur einen kleinen Bauernhof mit sehr wenig Kühen besaß, hatte sie immer viel Schmalz und Milch zu verkaufen, was eigentlich mit den paar Tieren, die ihr gehörten, nicht möglich war. Für die umliegenden Anwohner war diese Frau mit dem Teufel im Bunde. Sie soll ein Schwarzbuch besessen und sich mit Magie ausgekannt haben. Auch wurde sie oft erwischt, dass sie um die Ställe der benachbarten Bauern schlich, welche sie natürlich gleich verjagten. Eines Tages sah ein Bauer, wie diese Frau in seinen Kuhstall ging, er folgte ihr und wollte sehen, was sie dort zu schaffen hatte. Unbemerkt beobachtete er die alte Frau, wie sie einer seiner Kühe mit der Hand von hinten nach vorn über den Buckel strich. Bevor sie die Hand von der Kuh nahm, machte sie eine Faust, wie wenn sie etwas greifen würde, und steckte die Faust in ihre Schürzentasche, danach zog sie ihre geöffnete Hand wieder heraus. Da wurde es dem Bauern zu viel, er begann zu schimpfen und warf die Frau aus dem Stall. Seit diesem Tag gab die Kuh, welche die Frau berührt hatte, fast keine Milch mehr.

Foto: Dietmar Beck

Hexenbrett

Ein zwölfjähriges Mädchen hatte eine Freundin, deren Mutter sich mit dem Übernatürlichen beschäftigte. Sie konnte durch Handauflegen heilen und besaß die Gabe der Geisterbeschwörung.

Da das Mädchen sehr neugierig war, wollte sie einmal an einer Geisterbeschwörung teilnehmen. Ihre Mutter aber hielt gar nichts davon und verbot es ihr. Aber trotz des Verbotes ließ sich das junge Mädchen nicht davon abhalten.

Als wieder eine Sitzung anstand, ging das Mädchen heimlich dort hin, um daran teilzunehmen, da sie aber doch etwas Angst hatte, nahm sie sich ihren Rosenkranz mit.

Die Sitzung begann, es wurde ein sogenanntes Hexenbrett dazu verwendet, die Mutter der Freundin beschwor die Geister und diese antworteten auch.

Als die Beschwörung vorbei war, ging das Mädchen schnurstracks nach Haus, allerdings hatte sie ein Gefühl, als ob jemand sie verfolgen würde. Sie sah sich dauernd um, konnte aber niemanden sehen.

Zuhause angekommen musste sie das Treppenhaus zum fünften Stockwerk benutzen, da der Fahrstuhl ausgefallen war. Als sie die ersten Treppenstufen gegangen war, hatte sie ein Gefühl, als ob ihr jemand von hinten auf das linke Schulterblatt schlug. Sie drehte sich um, aber es war keiner da. Immer schneller lief sie die Treppen hoch und ununterbrochen wurde ihr immer wieder auf die gleiche Stelle geschlagen.

Panisch lief sie im fünften Stockwerk aus dem Treppenhaus und erreichte die Wohnungstür. Als sie davor stand, zerfiel ihr Rosenkranz in viele Einzelteile. Seit dieser Zeit fühlte sich das Mädchen nie wieder unbeobachtet.

Rache

Eine alte Frau hatte einen hölzernen Hühnerstall im Garten, wo sie ihre geliebten Hühner untergebracht hatte. Eines Morgens, als sie diesen öffnen wollte, damit die Hühner ins Freie konnten, stellt sie fest, dass sich jemand am Hühnerstall zu schaffen gemacht hatte. Dieser war stark beschädigt, so stark, dass es kein anderes Tier wie Fuchs oder Marder gewesen sein konnte, ein Mensch musste mit Gewalt mehrmals dagegen geschlagen haben.

Gleich hatte die Alte einen Mann aus dem Dorf in Verdacht, mit dem sie schon sehr lange im Streit war. Nachweisen konnte sie ihm natürlich nichts, so ärgerte sie sich den ganzen Tag über diese Schandtat, die ihr angetan worden war. Am Nachmittag kam ein alter Bekannter zu ihr zu Besuch, gleich erzählte sie ihm, was ihr widerfahren war und dass sie sich ärgerte, weil der Täter ungeschoren davon kommen würde.

Der Mann gab ihr einen Ratschlag, ein altes Ritual sollte helfen, den Schuldigen zu bestrafen. Sie müsse ihren Morgenurin in einem Glas auffangen und dieses fest verschließen. Danach solle sie ihren Holzofen einheizen und das Glas auf die Herdplatte stellen. Wenn dies gemacht sei, solle sie so lange beten, bis es das Glas mit dem Urin vor lauter Hitze auf dem Ofen zerreißt. Dann werde der Schuldige seine Strafe erhalten.

Am nächsten Tag machte sie es genau so, wie ihr Bekannter es ihr geraten hatte. Nach einiger Zeit wurde das verschlossene Glas so heiß, dass es zerbarst und der Urin in der ganzen Küche verteilt war. Da ärgerte sie sich, dass sie diesen Schmarrn, so dachte sie, mitgemacht hatte und jetzt alles putzen musste. „Der hat mich sauber dran gekriegt und ich hab das noch geglaubt“, sagte sie laut zu sich selbst.

Am nächsten Tag in der Früh kam eine Frau aus dem Dorf zu ihr und erzählte, dass der Mann, mit dem sie schon seit Jahren im Streit war, in der vergangenen Nacht mit dem Auto gegen einen Baum gefahren und tödlich verunglückt war.

Da dachte die alte Frau sofort an das Ritual, welches sie gestern vollzogen hatte. War sie schuld an seinem Tod? fragte sie sich. Sie bekam sofort ein schlechtes Gewissen, das sie bis zu ihrem Ableben plagte.

Mit alten Ritualen sollte man nicht spaßen, es steckt vielleicht mehr dahinter, als man vermutet!

Pferde mit Zöpfen

Es war im Jahre 1955, als einem Mann etwas Sonderbares mit seinen Pferden passierte. Er hatte zwei prächtige Arbeitspferde, die sein ganzer Stolz waren. Eines Tages kam eine alte, ihm unbekannte Frau zu ihm und bat ihn, ob er nicht mit seinem Pferdefuhrwerk für sie am nächsten Tag Steine fahren könnte.

Der Mann hatte aber in seiner Landwirtschaft selbst Arbeit genug und lehnte deshalb ab. Erbost und schimpfend ging die alte Frau von seinem Hof.

Als er am nächsten Tag seinen Stall betrat, erschrak er sehr. Seine Pferde waren schweiß- und schaumbedeckt, in die Mähne und im Schweif waren Zöpfe geflochten. Sowas hatte er noch nie gesehen. Mit diesen Pferden konnte er an diesem Tag keine Arbeit verrichten.

Der Mann war sich sicher, dass die Frau eine Hexe war, die ihm seine Pferde verhext hatte.

Hexenring

Im Wald gibt es ab und zu ein sonderbares Phänomen, Pilze wachsen so, dass sie einen Kreis bilden. Sie umranden kreisförmig einen bestimmten Platz, dies wird dann als Hexenring bezeichnet. Dieser Kreis kann einen Durchmesser von mehreren Metern erreichen. Im Mittelalter waren Pilze als Teufelswerk verschrien, zu dieser Zeit konnten nicht viele Menschen die essbaren und die giftigen auseinander halten. Es kam immer wieder vor, dass Menschen durch den Genuss der Pilze starben oder krank wurden. Damals glaubte man, dass diese Pilze der Teufel vergiftete, um den Menschen zu schaden. Wurde nun im Wald ein seltsamer Kreis aus Pilzen entdeckt, konnte nur das Böse dafür verantwortlich sein. Die Menschen vermuteten, dass in dem Kreis die Hexen mit dem Teufel tanzten und deshalb rundum die Pilze wuchsen. Wurde im Wald, in der Nähe eines Dorfes, so ein Hexenring entdeckt, dann wurde befürchtet, dass die Hexen eine Zeremonie gegen das Dorf abgehalten hatten und dem Dorf Unglück bevor stand. So konnte es sein, dass eine Hexenjagd durch dieses natürliche Phänomen losgebrochen wurde, unschuldige Menschen dafür verantwortlich gemacht und bestraft wurden. Die Wissenschaft erklärt sich diesen runden Pilzwuchs damit, dass das unterirdische Pilzgeflecht zufällig so gewachsen ist und deshalb die Fruchtkörper, die sichtbaren Pilze, so an der Oberfläche kreisförmig erscheinen.

Menschliche Spucke

Die Menschen waren früher und auch teilweise heute noch der Meinung, dass man mit dem Speichel jemanden verfluchen, sich etwas wünschen oder das Böse bannen kann.

Verfluchen

Wollte jemand, dass einem anderen Unglück passiert, so spuckte dieser dem anderen unbemerkt auf die Kleidung. In dem Speichel liegt der Fluch und zieht in die Kleidung ein, so trägt ihn der andere mit sich herum. Der Fluch ist so immer bei ihm und wird seine Wirkung bald erzielen. Auch wurde früher ungeliebten Menschen ins Essen oder Trinken gespuckt, so wurde der Speichel mit dem auferlegten Fluch von demjenigen verzehrt und gelangte so in dessen Körper.

Wünschen

Man kann an bestimmte heilige Orte fahren, wie zum Beispiel Wallfahrtsorte, dort wünscht man sich etwas und spuckt an diesem Ort aus. So ist unser Speichel, also ein Teil von uns, immer an diesem Ort und, so glaubte man, dass die Wünsche erfüllt werden. Man lässt einen Teil von sich an diesem heiligen Ort zurück und ist somit immer mit diesem Ort verbunden.

Bannen

Wenn man in einem Zimmer ist, wo man sich nicht wohlfühlt, wo man vermutet, etwas Böses ist darin, so spuckt man in alle Ecken des Zimmers und das Böse ist gebannt.

Es soll auch funktionieren, wenn man vor die Haustüre spuckt und sich wünscht, eine ungeliebte Person solle nie wieder in dieses Haus kommen. Die Person ist dann von diesem Grundstück gebannt und kann es nicht mehr betreten.

Es gibt im Bayerischen das Sprichwort: „Geh mir vom Leib, oder i speib". Das sollte heißen, lass mir meine Ruhe, meinen Frieden oder ich bespucke dich und verfluche dich damit.

Ich selber wurde schon mal Zeuge eines solchen Ritus, ich machte eine Führung auf den Weizriegel und einen dort befindlichen Stein. Dieser ist als negativer Ort bekannt, dort ging eine Frau um den Stein und spuckte heimlich, jedes Mal wenn ich nicht hin schaute, in jeder Himmelsrichtung einmal um den Stein aus. Mir kam die Sache damals sehr seltsam vor, da ich über diesen Ritus noch nicht Bescheid wusste. Erst ein Jahr später erzählte mir eine Bekannte etwas über dieses Verhalten. Ob diese das Böse bannen wollte oder ob sie einen Wunsch an das Böse hatte, kann ich nicht sagen.

Frauen haben den bösen Blick

Fremde Frauen haben nichts im Stall verloren, nicht mal zur Stalltür durften diese rein schauen, es könnte Neid in ihnen aufkommen, sie könnten unbewusst den Stall verwünschen. Mit einem neidvollen Blick könnten sie Unheil aufs Vieh bringen.

Auch wäre es möglich, dass sie Druden seien und sie dann des Nachts wieder kämen, um die Tiere zu drücken.

Wenn früher Kinder zur Welt kamen, durften nur die engsten Verwandten Frauen das Kind sehen, die Mutter und Großmutter vielleicht noch, aber dann war schon Schluss. Erst nach der Taufe durften andere Frauen zu dem Kind. Man hatte Angst, dass die Frauen das Kind mit falschen Lobhudeleien verwünschen und ihm dadurch Schaden zufügen könnten.

Hexenstühlchen

Ein Mann wollte der Sache mit dem Hexenstühlchen einmal auf den Grund gehen, so beschloss er sich eines zu bauen. Aus neunerlei Holz musste es bestehen und es durfte kein eiserner Nagel verwendet werden. Auch durfte es nur so groß sein, dass man es in der Manteltasche verstecken, aber dennoch darauf sitzen konnte. In der Christnacht nahm der Mann das Hexenstühlchen mit in die Kirche. Als der Priester die Wandlung vollzog, zog der Mann das Stühlchen aus dem Mantel und setzte sich darauf. Laut alter Sage mussten sich nun alle Hexen der Gemeinde umdrehen und den Mann ansehen. Das schlechte an dieser Sache ist, dass nun auch die Hexen wissen, dass derjenige sie nun kennt. Als die Kirche zu Ende war, lief der Mann schnell aus der Kirche und nach Hause, aus Angst den Hexen in die Hände zu fallen. Oft erzählte er im Wirtshaus, dass er nun wisse, wer die Hexen im Dorf seien, er dürfte aber ihren Namen nicht preisgeben, da sie ihm sonst etwas antun würden. Dies wurde ihm von einer Hexe angeblich so angedroht.

Im Frühjahr darauf wollte der Mann seine Obstbäume schneiden. Er nahm sich sein Werkzeug und eine Leiter mit zu den Bäumen. Einige Zeit später fand man den Mann leblos unter einem Baum liegen, die Leiter war umgestürzt. Diejenigen, die ihn fanden, sagten, dass seine Verletzungen nicht nur vom Sturz von der Leiter kamen, es schien als würde er totgeprügelt worden sein. Hatten ihn die Hexen das angetan aus Furcht, dass er doch irgendwann ihre Namen verriet?

Schwarzbuch

Schwarzbuch

Ein Schwarzbuch, ist ein Buch in welchem Sprüche stehen, mit deren Hilfe man sich oder anderen das Leben erleichtern kann. Es sind zum Beispiel Zaubersprüche, wie man Teufel und Dämonen beschwört, die bestimmte Tätigkeiten für einen ausüben sollen. So kann man ihnen zum Beispiel befehlen, die Mühlräder zu drehen, obwohl kein Wind oder Wasser zum Antrieb vorhanden ist.

Es sind aber auch Heilsprüche gegen Krankheiten, Liebeszauber oder Bannsprüche in ihm enthalten. Diese sind alle in Reimform und teilweise am Schluss mit christlichen Worten versehen, wie zum Beispiel:

Für das Blut stillen.

Glückliche Wunde, glückliche Wunde,

glücklich ist der Tag

da Jesus Christus gestorben war

im Namen Gottes. +++

Blut nie und rinne nimmer

Christus ist gestorben

und stirbt nimmer. +++

Amen

Da diese Sprüche in Reimform geschrieben sind und früher oft das Reimen dem Teufel zugeschrieben wurde, wurde das auch als schwarze Magie verrufen, auch wenn Jesus oder Gott Teil der Worte waren.

Oft kann man auch in den alten Sagen hören, dass man das Schwarzbuch rückwärts lesen musste, damit die Zaubersprüche wirkten. Oder zumindest, wenn man die Teufel beschworen hatte und sie ihre Arbeit verrichtet, hatten, den Zauberspruch rückwärts lesen musste, um diese wieder zu verschaffen.

Wie kam man zu so einem Buch:

Laut Sage musste derjenige, der ein Schwarzbuch besitzen wollte, den Teufel beschwören und mit ihm einen Pakt abschließen. Für die Beschwörung eigneten sich am besten die Rauhnächte. Hier musste der Beschwörer sich auf eine Straßenkreuzung begeben und dort den Teufel beschwören. Der Preis für das vom Teufel erhaltene Schwarzbuch war die Seele.

In Wirklichkeit waren die Menschen sehr abergläubisch und so schrieben sich manche alte Heilsprüche in Büchern auf. Diese Bücher wurden bisweilen in der Familie über Generationen vererbt und jede Generation schrieb daran weiter, so dass es irgendwann ein dickes Buch ergab. Diese Heilsprüche gehen teilweise noch auf unsere heidnischen Wurzeln zurück. Nach der Christianisierung wurde einfach hinter den Spruch ein »Gelobt sei Jesus Christus« oder »Im Namen des Vaters, des Sohnes und des Heiligen Geistes« dran gehängt.

Was passierte mit Schwarzbuchbesitzern:

Der Teufel holt sich die Seele des Schwarzbuchbesitzers nach seinem Tode. Oft kam ein großes Unwetter in der Todesstunde eines Menschen auf, welcher im Verdacht stand, ein Schwarzbuch zu besitzen. Dann sagte man, mit diesem Unwetter reist der Teufel mit und holt seine Seele.

In Wirklichkeit war es aber auch sehr gefährlich, ein solches Schwarzbuch zu besitzen, auch wenn nur Heilsprüche darin enthalten waren. Wenn man bei der christlichen Kirche angeschwärzt wurde und es raus kam, dass man so ein Buch hatte, konnte man als Ketzer oder Hexer in Verruf geraten. Im schlimmsten Fall wurde man auf dem Scheiterhaufen verbrannt.

Leider sind dadurch viele solcher Schwarzbücher vernichtet worden, entweder von der Kirche oder von den Besitzern selber, welche sie vererbt bekommen, diese aus Angst aber dann vernichtet haben.

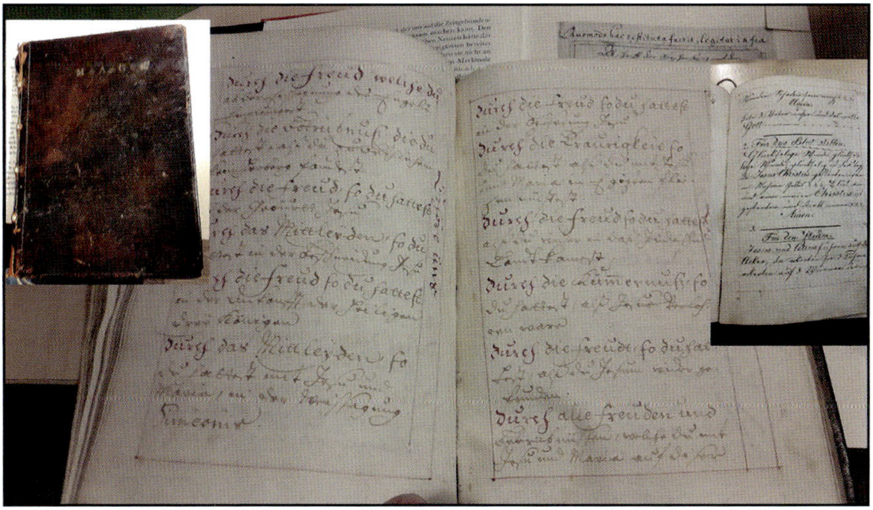

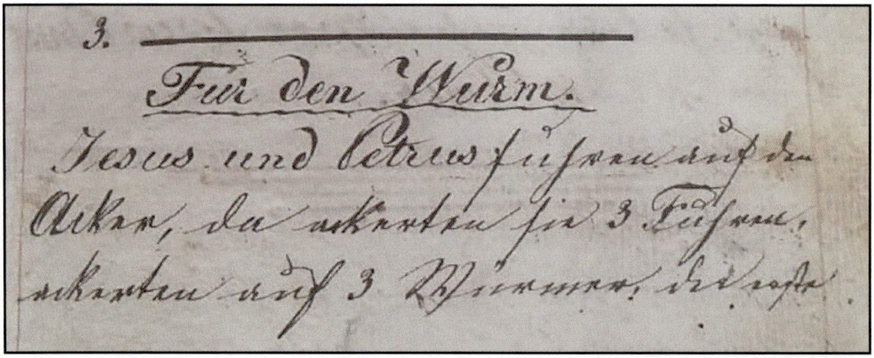

3.

Für den Wurm.

Jesus und Petrus fuhren auf den Acker, da ackerten sie 3 Furchen, ackerten auf 3 Würmer, der erste

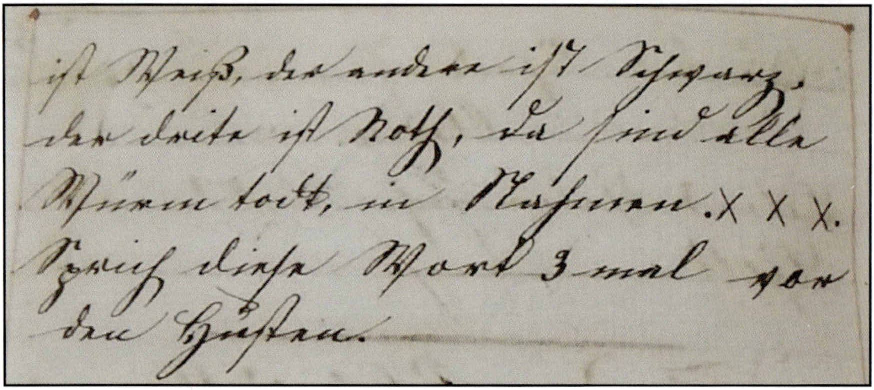

ist weiß, der andere ist schwarz, der dritte ist roth, da sind alle Würmer todt, im Namen. X X X.

Sprich dieses Wort 3 mal vor dem Husten.

Für den Wurm

Jesus und Petrus führen auf den Acker,

da ackerten sie 3 Fuhren,

ackerten auf 3 Würmern!

Der Erste ist weiß,

der Andere ist schwarz,

der Dritte ist rot,

da sind alle Würmer tot,

im Namen. XXX.

Sprich diese Worte 3 mal aber ohne Husten.

Wurm --- Wurmerkrankung --- Würmer im Körper.

Drei Fuhren sollte bedeuten, dass sie dreimal eine Ackerfurche zogen.

XXX bedeutet, sich 3 Mal zu bekreuzigen. (im Namen des Vaters, des Sohnes und des Heiligen Geistes)

Husten galt früher als schlechtes Zeichen, vielleicht sogar als Krankheitsdämon. Sollte also während des Zauberspruchs gehustet werden, so wäre dieser zunichte.

Foto: Frank Gesink

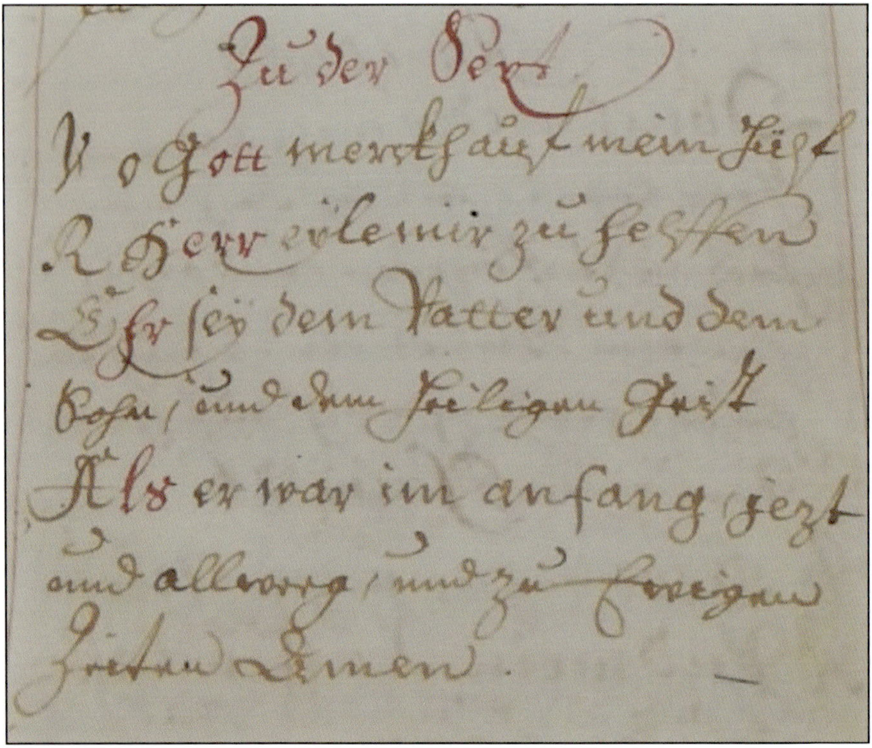

Zu der Pest
O Gott merk auf mein Hilf
Herr eile mir zu helfen
Ehr sey dem Vatter und dem
Sohn, und dem heiligen Geist
Als er war im anfang jezt
und allezeit, und zu Ewigen
Zeiten Amen.

Zu der Pest

Oh Gott merke auf mein Hilf

Herr eile mir zu helfen

Ehre sei dem Vater und dem Sohn

und dem heiligen Geist,

als er war von Anfang,

jetzt und alle Zeit

und zur Ewigkeit Amen.

Heilspruch aus dem Bayerischen Wald

Früher gab es im Bayerischen Wald die sogenannten Ansprecher, diese wurden geholt, wenn Mensch oder Vieh krank waren. Ärzte gab es früher wenig im Bayerischen Wald, sie waren auch oft zu teuer, so dass die Waidler lieber einen Ansprecher holten. Der Ansprecher kam zu dem Hilfebedürftigen und betete für diesen, auch gab es viele Sprüche für bestimmte Krankheiten oder Verletzungen, die gegen das Übel helfen sollten. Da der Glaube Berge versetzt, wurden auch viele geheilt. Ein Spruch für Verletzungen ging so:

Der Ansprecher berührte die Stelle oder hielt seine Hand darüber und betete zuerst ein „Vaterunser", dann sagte er:

„Fleisch und Boa,

soll so wenig schwinden

wia a Stoa."

„Im Namen des Vaters

und des Sohnes

und Heiligen Geistes,

Amen."

Oft wurde dann danach noch von allen ein Rosenkranz gebetet.

Auch sollen einige Ansprecher imstande gewesen sein, das Feuer bändigen zu können. Wenn die Feuersbrunst zu groß wurde und die Feuerwehr nicht mehr mit dem Löschen nachkam, wurde ein Ansprecher geholt. Dieser beschwor das Feuer und es wurde deutlich schwächer. Wichtig ist, dass man nach dem Spruch den Zusatz, „im Namen Gottes" oder „im Namen des Vater, des Sohnes und des Heiligen Geistes, Amen" sagt.

Heilwasser um Mitternacht am stärksten

Es gibt viele Brunnen, die als sogenannte Heilquellen gelten. Dieses Wasser soll gegen allerlei Gebrechen helfen. Laut alten Erzählungen soll man das Heilwasser um Mitternacht abfüllen. Dann ist es am stärksten und behält auch abgefüllt lange seine Wirkung.

Drud

Abwehr gegen die Drud

Wenn man des Nachts immer wieder von einer Drud heimgesucht wird, gibt es verschiedene Abwehrmittel. Eines davon ist, dass man vor dem Schlafengehen mit der Zunge drei Kreuze auf den Gaumen macht. So kann einem die Drud nichts mehr anhaben.

Drud als schwarzer Nebel

Eine junge Frau wollte aus dem Elternhaus ausziehen und nahm sich in dem Ort Rinchnach eine Wohnung. Als sie die erste Nacht in der eigenen Wohnung schlief, wurde sie mitten in der Nacht wach, konnte aber die Augen nicht öffnen, ebenso konnte sie keinen einzigen Körperteil bewegen, nicht mal um Hilfe rufen. Sie schien wie gelähmt zu sein. Plötzlich spürte sie einen Druck auf der Brust, der es ihr schwer machte zu atmen. Der Druck wurde immer stärker und stärker, so dass es ihr immer schwerer fiel, genug Luft einzuatmen. Als sie vor Anstrengung schon ganz durchgeschwitzt war, ließ der Druck auf einmal nach. Sie sog einen tiefen Atemzug ein und konnte die Augen wieder öffnen. Da sah sie, wie wenn ein schwarzer Nebel von ihrem Bett wegzog, in Richtung der Schlafzimmertüre. Dort verschwand er in dem kleinen Spalt zwischen Boden und Türe. Geschockt und völlig fertig blieb die Frau im Bett liegen und war sich nicht sicher, was sie gerade erlebt hatte und ob es nicht ein Alptraum war. Am nächsten Morgen war sie der festen Meinung, dass dies ein Albtraum gewesen sein musste. Am darauffolgenden Abend legte sie sich wieder ins Bett und das Gleiche wie am Vortag passierte wieder. Nun wurde ihr etwas mulmig zu Mute, dennoch schob sie diese Vorfälle auf Alpträume, welche ihr die ersten Nächte außerhalb des Elternhauses bescherten. In der dritten Nacht konnte sie lange nicht einschlafen, da sie Angst hatte, dass dieser schwarze Nebel wieder kam. Spät in der Nacht siegte die Müdigkeit dann doch und sie schlief ein. Sie konnte noch nicht lang geschlafen haben, da spürte sie den Druck auf der Brust und das Ereignis wiederholte sich. Am nächsten Morgen war sie sich sicher, dass dies keine Träume mehr sein konnten und vertraute sich einer Arbeitskollegin an, deren Mann sich mit der Sagenwelt des Bayerischen Waldes beschäftigte. Dieser wusste sofort, dass es sich hier um eine Drud handeln musste, welche die junge Frau quälte. So gab er ihr den Tipp, dass sie vor dem Zubettgehen einen Spruch sagen sollte, welcher lautete: „Drud, wennst druckst, druck boid, zähl vorher alle Baam im Woid, olle Stoina im Boo und kimm dann glei dano.“ Mit diesem Spruch sollte die Drud eingeladen werden, aber zuerst musste sie die beiden Aufgaben erfüllen, welche ihr gegeben worden sind. Alle Bäume im Wald und alle Steine im Bach zu zählen. Dies würde sie nie schaffen und so dürfe sie auch nie mehr kommen.

Die junge Frau beherzigte diesen Ratschlag und wurde seither von der Drud verschont.

Neugeborene mit Zähnen

Wenn früher ein Kind zur Welt kam, dass schon einen oder mehrere Zähne hatte, glaubte man, dass dies ein schlechtes Omen war. Es kommt immer wieder mal vor, dass das Zahnwachstum bei Kindern im Mutterleib schon so weit vorgeschritten ist, dass diese aus dem Zahnfleisch hervorspitzen. Dann kann es natürlich vorkommen, dass diese Babys beim Stillen sich in den Nippeln der Mutter verbeißen. Dadurch saugen sie nicht nur die Muttermilch, sondern auch das Blut der Mutter.

Man glaubte, wenn das Kind als erste Nahrung nicht Muttermilch, sondern Blut schmeckte, werde es das Verlangen danach ein Leben lang nicht mehr los. Das Kind könnte im Erwachsenenalter zur Drud werden und eine Plage der Menschheit werden.

Um dies zu verhindern, wurde Neugeborenen mit Zähnen, bevor sie gestillt wurden, ein Stück Holz zwischen die Zähne gelegt, auf dass sie beißen sollten. So war der erste Biss ins Holz und nicht in Menschenfleisch, was das Schicksal als Drud abwenden sollte.

Männliche Drud

Druden sind Frauen, welche einen Fluch auf sich haben und nachts zum Drucken gehen müssen. Aber dieser Fluch kann auch Männern wiederfahren, diese müssen dann nicht zum Drucken gehen, sondern den Mond anbeten. Sie werden im Bayerischen Wald, als sogenannte Brettlsteiger bezeichnet. Auf Deutsch würde man Schlafwandler sagen. Wenn Vollmond ist, werden sie im Bett unruhig und fangen an, schlafzuwandeln. Ab und zu steigen sie sogar aufs Dach hinauf, um dem Mond näher zu sein. Ganz wichtig ist es, genauso wie bei der Drud, dass man sie in diesem Zustand nicht anredet. Die Drud würde tot umfallen und der Brettlsteiger vom Dach.

Ein Mann glaubt nicht an die Drud

Einige Leute unterhielten sich über eine alten Sagengestalt, die Drud. Des bekam ein junger Mann mit und lauschte ihnen gespannt. Schon des Öfteren hörte er verschiedene Leute über diese seltsame Drud reden und jedes Mal dachte er, dass diese Leute spinnen. Auch dieses Mal verstand er nicht, wieso alle Angst vor dieser Sagengestalt hatten, die es seiner Meinung nach sowieso nicht gab. So ging er nach Haus und verschwendete keinen Gedanken mehr daran.

Als er abends im Bett lag, hörte er ein leises Kratzen, wie wenn feine kleine Krallen beim Gehen über den Boden kratzen würden. Da wollte er die Augen aufmachen und schauen, was das sein könnte, jedoch konnte er die Augen nicht öffnen, auch war ein ganzer Körper wie gelähmt. Plötzlich bekam er einen Druck auf der Brust, wie wenn sich jemand auf seinem Brustkorb gesetzt hätte. Mit jedem Ausatmen wurde der Druck stärker, so dass es für ihn immer schwieriger wurde, einzuatmen. Er geriet in Panik, schwitzte und röchelte nach Luft, sodass er dachte, seine letzte Stunde habe geschlagen. Als er kurz davor war zu ersticken, war der Druck auf einmal weg, wie wenn nie was gewesen wäre. Er konnte ein- und ausatmen wie immer, kein Druck mehr, nur das er tropfnass geschwitzt war, ein Zeichen, dass es wirklich passiert war.

Da fiel ihm das Gerede der Leute über die Drud wieder ein. Dies musste sie gewesen sein, sie hatte ihn aufgesucht, weil er nicht an sie geglaubt hatte. Am nächsten Morgen erzählte er alles seiner Mutter, welche ihm riet, einen Drudenstern zur Abwehr ins Zimmer zu malen. Dies tat er und wurde nie mehr von der Drud gedrückt, seltsam war aber, dass am Tag immer ein altes buckliges Weib ums Haus ging, welche niemand kannte.

Die lange Agnes

Die lange Agnes

In einigen Gegenden im Bayerischen Wald geht eine schreckliche Sagengestalt um, die die lange Agnes genannt wird. Man findet sie vor allem zwischen Ayrhof und Viechtach und rund um Furth im Wald. Die lange Agnes soll eine dürre alte Frau mit zerzausten langen schwarzen Haaren sein, sie wird oft an Gewässern wie Bächen oder Flüssen gesehen. Dort wäscht sie Wäsche oder kämmt ihre Haare. Wer sie anspricht, den zieht sie ins Wasser und ertränkt ihn elendiglich. Auch erzählt man sich, dass sie Männern, die zu spät vom Wirtshaus heimgehen, auflauert und sie dann mit ihren Fingernägeln und ihrem Kamm blutig kratzt. Die Menschen in diesen Gegenden hatten früher viel Angst, wenn sie des Nachts über Brücken gehen mussten, weil sie glaubten, die Agnes lauert unter der Brücke und schnappt sie, wenn sie die Brücke überqueren.

Laut einer alten Sage soll die lange Agnes früher, als sie noch ein menschliches Wesen war, eine sehr reiche, eitle und geizige Frau gewesen sein, die sich nur um ihr Aussehen gekümmert hat und die armen Menschen verspottete. Als sie starb, kam sie nicht ins Himmelreich, sondern musste auf der Erde umgehen, bis sie ihr altes Leben bereut hatte.

Oft liegen dann neben den Bächen und Flüssen zerrissene Tiere. Diese, so glaubt man, sollen von der langen Agnes gefangen und getötet worden sein.

In der Nacht kann man in diesen Gegenden oft ein schreckliches Gekreische an den Gewässern hören. Dies soll die lange Agnes sein, die auf ihre Opfer lauert.

Auch gibt es eine Sage, in der die lange Agnes um Semmeln bittet, diese sollen ihr auf dem Rückweg mitgebracht werden. Wer ihr keine mitnimmt, den zieht sie ins Wasser und ertränkt ihn. Wer ihr aber welche mitnimmt, den lässt sie mit einem „Vergelts Gott“ passieren.

Bei Chamerau soll die lange Agnes in der sogenannten Steinklammer am Regen sitzen und warten, dass sie jemanden erwischt. So soll sie einmal einem Knecht, der vom Wirtshaus heimkam, den Kopf blutig gebürstet haben. Wenn sie mehrere Tage hintereinander keinen Menschen erwischt, soll sie sich die Haustiere der Menschen holen und diese abstechen.

Bei Rimbach, in der Nähe des Weißen Regen, soll die lange Agnes auch ihr Unwesen treiben. Man kann sie am Fluss sitzen sehen und rufen hören: „Ich brauch Darm". Um nicht selber in Gefahr zu geraten, soll man ihr einen Hund zuwerfen. Diesen findet man dann einige Zeit später blutig zerfetzt wieder.

Foto: Dietmar Beck

Was steckt hinter der langen Agnes

Wenn wir die Geschichten über die lange Agnes lesen, will sie entweder eine Bezahlung haben, wie Semmeln oder andere Lebensmittel, oder sie fordert oder holt sich ein Tieropfer, etwa in der Geschichte, wo sie nach Därmen ruft.

Wenn man nun in Betracht zieht, dass die alten Seher, Druiden oder Schamanen aus den Därmen geopferter Tiere die Zukunft lasen – könnte es sich vielleicht bei den Orten, an denen heute die Sage der langen Agnes umgeht, um Orte handeln, wo zu vorchristlicher Zeit eine alte Seherin ihre Rituale vollzogen hat? Dafür sprechen würde, dass dies oft in der Nähe von Flüssen oder Bächen der Fall ist, da Gewässer oder bestimmte Steine sakrale Orte für unsere heidnischen Vorfahren waren.

Dann jedenfalls würden diese Sagen einen Sinn ergeben: Man bringt der Seherin ein Tieropfer, aus dessen Därmen sie die Zukunft für einen liest. Als Bezahlung bekommt sie dafür Lebensmittel. Verweigert man ihr die Bezahlung, zieht man ihren Zorn auf sich.

Die weiße Frau

Die weiße Frau bei der Wiedkapelle

Zwischen Teisnach und Böbrach steht am Straßenrand eine Kapelle, wo die Sage umgeht, dass dort in manchen Nächten eine weiße Frau zu sehen ist. Es soll vor vielen Jahren eine Frau dort vergewaltigt und getötet worden sein, den Leichnam hat man nie gefunden. Es wird vermutet, dass dieser im Waldstück hinter der Kapelle verscharrt wurde. Da dieses Verbrechen ungesühnt blieb und der Leichnam in ungeweihter Erde vergraben liegt, glaubt man, dass diese weiße Frau auf ihr Schicksal aufmerksam machen will, sodass ihr Leichnam gefunden und in geweihter Erde begraben wird, damit sie ihre ewige Ruhe findet. Aber vielleicht sucht sie auch nach demjenigen, der ihr das angetan hat und hält in bestimmten Nächten Ausschau nach ihm. Darum wäre es ratsam, wenn man diese Frau am Straßenrand sieht, vorsichtig und langsam vorbei zu fahren. Würde man vor lauter Angst Gas geben, dann könnte sie denken, dass man ein schlechtes Gewissen hat und ins Auto kommen.

Diese Kapelle wird im Volksmund oft auch Wind- oder Wienkapelle genannt.

Eine weitere Sage lautet:

An der Stelle, wo die Wiedkapelle steht, ging früher die Straße nach Bodenmais. Eine Familie aus Teisnach war zu einer Hochzeit in Bodenmais eingeladen und sie fuhren mit ihrem Pferdegespann dort hin. Auf dem Nachhauseweg begegneten sie an der Stelle, wo heute die Kapelle steht, einer dunklen menschlichen Gestalt, welche einen Umhang mit Kapuze trug. Diese Gestalt hielt das Pferdegespann auf und fragte sie nach dem Weg zu der Hochzeit, wo sie gerade waren. Sie konnten kein Gesicht erkennen, da diese die Kapuze weit ins Gesicht gezogen hatte. Nachdem sie ihr den Weg erklärt hatten, trat die Gestalt beiseite und die Familie konnte weiterfahren. Da dem Mann das Ganze aber seltsam vorkam, drehte er sich noch mal um. Da bemerkte er im Mondschein, dass die Gestalt ein Ziegenbein und einen Kuhfuß hatte. Erschrocken trieb er die Pferde an, um schnellstmöglich nach Hause zu kommen.

Am nächsten Tag erfuhren sie, dass das frisch verheiratete Brautpaar, noch in der Hochzeitsnacht, aus unerklärlichen Gründen verstorben war.

Darauf suchte der Mann den Pfarrer auf und erzählte ihm von dem Vorfall. Der ließ daraufhin die Kapelle bauen. Er schrieb Bannsprüche gegen das Böse und versteckte sie im Dachstuhl der Kapelle, um das Böse von diesem Weg fern zu halten.

Eine andere Version der Sage lautet, dass an der Stelle, wo jetzt die Wiedkapelle steht, eine Frau angefahren wurde. Der Aufprall war so heftig, dass die Frau es wahrscheinlich nicht überlebt hätte. Auch der Schaden am Auto war sehr groß, aber komischerweise wurde die angefahrene Frau nicht gefunden – sie war wie in Luft aufgelöst.

Seit diesem Vorfall erscheint an dieser Stelle immer wieder die weiße Frau, sie wird von Autofahrern und Wanderern gesehen. Auch soll es vorgekommen sein, dass ein Autofahrer, der des Nachts an diesem Ort vorbei fährt, ein Geräusch hört, als würde jemand aufs Autodach springen und mit den Fingernägeln über das Blech kratzen.

Hungerreim

Zwischen Lohberghütte und Schrenkental befindet sich eine Kurve, die Hungerreim genannt wird. Der Name dieser Kurve hat eine traurige Bewandtnis. Vor vielen Jahren ist dort ein Fahrradfahrer ums Leben gekommen, der diese Kurve unterschätzt hatte. Der Nachname des Fahrradfahrers war Hunger, Reim bedeutet auf Bayerisch Kurve, so wurde diese Kurve seit dem Ereignis Hungerreim genannt.

Viele Autofahrer, die nachts dort vorbeifahren, berichten, dass sie dort eine weiße Gestalt stehen sehen haben, auch passieren an dieser Stelle viele Unfälle, wo wiederum viele Verunfallte sagen, dass sie diese weiße Gestalt gesehen haben und dann vor Schreck in den Graben gefahren sind. Ist dies der Geist des damals verunglückten Fahrradfahrers oder war dieser vielleicht das erste Opfer dieser Gestalt?

Schwarze und weiße Frau von Cham

Eine Frau aus einem kleinen Markt im Landkreis Cham war gerade auf dem Weg zum Frauenarzt, wo sie wegen ihrer vorgeschrittenen Schwangerschaft einen Termin hatte. Als sie gerade aus dem Ort auf die Bundesstraße fahren wollte, sah sie eine ältere Frau auf der Straße, die ihr winkte, anzuhalten. Normalerweise nahm die Frau keine Anhalter mit, aber sie hatte Mitleid mit der alten Frau, also hielt sie an. Die alte Frau war seltsam gekleidet, sie hatte ein langes schwarzes Kleid, schwarze Schuhe, schwarze Strümpfe an und dazu über den schwarzen Haaren einen großen schwarzen Hut auf. Die alte Frau sagte ihr, dass sie den Bus versäumt habe, aber unbedingt nach Cham müsste und fragte, ob sie vielleicht mitfahren dürfe. Die schwangere Frau erbarmte sich und nahm die alte schwarzgekleidete Frau mit. Während der ganzen Fahrt sagte die alte Frau nichts. Erst als sie in Cham ankamen, wollte die alte Frau plötzlich aussteigen und wies an, dass die schwangere Frau sofort zur Seite fahren solle. Die alte Frau stieg aus und bedankte sich noch fürs Mitnehmen. Die schwangere Frau fuhr sofort los, als die alte Frau ausgestiegen war, da sie aber noch immer ein wenig verwundert war über denen Aufzug, schaute sie noch mal in den Seitenspiegel, doch die alte Frau war weg. Darauf blickte sie in den Rückspiegel, aber da konnte sie diese Frau auch nicht sehen, auch ein Umdrehen half nichts, die alte schwarze Frau war plötzlich spurlos verschwunden. Da wurde der schwangeren Frau mulmig zu Mute, da dies eigentlich nicht sein konnte, nirgends könnte sich diese alte Frau so schnell verstecken. Sie fuhr weiter zum Frauenarzt, um ihren Termin nicht zu versäumen. Bei der Untersuchung stellte sich heraus, dass etwas nicht stimmte, die Herztöne des Kindes waren sehr schwach und so entschied sich der Arzt für einen Notkaiserschnitt. Bei dem Kaiserschnitt stellte sich heraus, dass sich die Nabelschnur um den Hals des Kindes gewickelt hatte und das Kind schon sehr schwach war. Es wurde alles für die Rettung des Kindes unternommen, trotzdem verstarb dieses ein paar Tage nach der Geburt.

Ein Jahr später etwa zur selben Zeit, war diese Frau wieder schwanger und wieder auf dem Weg zum Frauenarzt. Als sie an der Stelle vorbeikam, wo sie damals die schwarze Frau gesehen hatte, stand dieses Mal wieder eine alte Frau. Ebenso wie damals winkend, nur dass diese ganz in Weiß gekleidet war, weißes Kleid, weiße Strümpfe, weiße Schuhe und über den grauweißen Haaren einen großen weißen Hut. Die schwangere Frau wollte dieses Mal aber nicht anhalten, doch die weiße Frau ging auf die Straße und versperrte ihr den Weg. Als die schwangere Frau die weiße Frau fragte, was sie wolle, sagte auch diese zu ihr, dass sie den Bus versäumt habe und unbedingt nach Cham müsse. Ganz wohl war der Schwangeren nicht, aber trotzdem nahm sie die weiße Frau mit. Während der Fahrt nach Cham erzählte die alte weißgekleidete Frau der Schwangeren, dass sie deren Familie gut kenne. Sie erzählte auch einige Sachen, die sich in der Familie zugetragen haben, aber woher sie die Familie kannte und das wusste, darauf gab sie keine Antwort. Als sie gerade in Cham ankamen und genau auf die

Stelle zufuhren, wo die schwarze Frau hatte aussteigen wollen, bat auch die weiße Frau, hier aussteigen zu dürfen. So fuhr die schwangere Frau an die Seite und ließ die alte weißgekleidete Frau aussteigen. Die weiße Frau bedankte sich und wünschte der Schwangeren noch alles Gute für die Zukunft. Ebenfalls fuhr dieses Mal die schwangere Frau gleich nach dem Schließen der Autotür los und schaute wieder in den Seitenspiegel. Wieder war nichts zu sehen, weder im Rückspiegel noch, als sie sich umdrehte. Wieder war sie spurlos verschwunden. Da bekam die Frau ein mulmiges Gefühl. Sollte diesmal wieder etwas mit dem Kind sein, verlor sie ein zweites?

Doch bei der Untersuchung stellte sich heraus, dass alles in bester Ordnung war, kurze Zeit darauf kam das Kind gesund und wohlbehalten zur Welt.

Die Frau war sich sicher, dass die schwarze Frau ein Zeichen für das bevorstehende Unheil und die weiße Frau ein Zeichen für das bevorstehende Glück war.

Weiße Frau kündigt einen Unfall an

Ein Mann war in der Nähe von Chamerau auf einer Geburtstagsfeier eingeladen. Spät in der Nacht verließ der Mann die Feier, um nach Haus zu fahren. Da er noch fahren musste, hatte er keinen Alkohol getrunken. Auf dem Heimweg kam er an der Kreuzung auf der B85 in Chamerau vorbei, welche für das Auftreten der weißen Frau bekannt war. Es regnete leicht, als er auf die Kreuzung zufuhr. Etwa 200 Meter vor der Kreuzung sah er plötzlich im Augenwinkel neben der Straße eine weiße Gestalt sehen. Er erschrak, schaute kurz zu ihr hinüber, da war sie aber schon weg. Als er dann wieder auf die Straße sah, bemerkte er, dass ein Lkw an der Kreuzung auf die B85 einbog. Er trat auf die Bremse, welche aber nicht funktionierte. Dann versuchte er zu lenken, um seitlich am Lkw vorbeizufahren, aber auch die Lenkung reagierte nicht. So krachte er ungebremst in den Lastwagen. Er wurde dabei so schwer verletzt, dass er heute noch querschnittsgelähmt ist, er lag einige Zeit im Koma, konnte sich aber noch sehr gut an die weiße Gestalt und den Unfall erinnern.

Weiße Frau rettet ein Baby

Eine junge Mutter lag am Abend auf der Couch und schaute Fernsehen. Da sie wegen ihres kleinen Kindes momentan sehr wenig Schlaf bekam, schlief sie dort ein.

Plötzlich wurde sie mitten in der Nacht wach und sah vor sich eine Frau, komplett in Weiß gekleidet. Als sie sich ungläubig die Augen rieb und dann nochmals hin sah, war die Erscheinung weg. Es wird ein Albtraum gewesen sein, so dachte sie sich.

Am nächsten Abend, ging es ihr wieder so, sie schlief auf der Couch ein und wurde wieder zur gleichen Zeit wie am vorherigen Abend wach. Wieder stand die weiße Frau vor ihr im Wohnzimmer. Die junge Mutter rieb sich die Augen, doch diesmal verschwand die weiße Frau nicht, sondern bedeutete ihr, ihr zu folgen. Ohne darüber nachzudenken, gehorchte die junge Mutter. Sie folgte ihr durch die offene Türe ins Kinderzimmer, wo die weiße Frau über das Bettchen des kleinen, zwei Monate alten Sohnes schwebte und sich dann plötzlich in Luft auflöste.

Die junge Mutter lief zum Kinderbett und schaute hinein. Erschrocken sah sie, dass sich ihr Sohn gerade übergeben hatte und zu ersticken drohte. Sie hob ihn hoch, sodass alles aus dem Mund herausfließen und er wieder atmen konnte.

Wäre die weiße Frau nicht erschienen, hätte ihr Sohn ersticken müssen, dachte sich die junge Mutter und war dieser Erscheinung sehr dankbar.

Weiße Frau im Haus

Eine Frau und ihr Mann kauften sich ein über 200 Jahre altes Haus. Als sie einzogen, hatte die Frau immer das Gefühl, wie wenn sie nicht allein im Haus wären. Eines Tages sah sie gerade aus dem Fenster, als sie eine weiße Frau erblickte, mit weißen Haaren, weißem Gewand und fahlem Gesicht, die zu ihr hineinschaute. Nach dem ersten Schreck rief sie ihren Mann: „Da steht jemand vor dem Fenster und schaut rein.“ Als ihr Mann nachsah, war die Gestalt aber verschwunden. Dies wiederholte sich immer wieder. Plötzlich tauchte die Frau vorm Fenster auf und genau so plötzlich war sie wieder verschwunden.

Eines Tages, im Sommer, als die Frau gerade ins Wohnzimmer ging, traute sie ihren Augen nicht. Die weiße Frau stand mitten im Wohnzimmer und schaute sie gebannt an. Dann, von einem Augenblick auf den anderen, war sie verschwunden. Am Tag danach kam der Schwiegervater der Frau ins Krankenhaus und nach drei Wochen ist er dort verstorben.

Ein paar Tage nach der Beerdigung war die Frau immer noch sehr traurig über den Verlust und ging gedankenverloren ins Wohnzimmer. Als sie die Türe öffnete, erschrak sie, die weiße Frau stand wieder, wie vor ein paar Wochen, mitten im Zimmer und schaute sie an. Doch diesmal sprach die weiße Frau und sagte: „Es is wias is, es is wias is, schaust auf.“ Danach war sie weg, wie in Luft aufgelöst.

Nun war sich die Hausbesitzerin sicher, dass die weiße Frau ihnen nichts Böses wollte. Sie wollte ihr aus der Trauer helfen und sagen, so ist es im Leben, aber das Leben geht weiter.

Seit dieser Zeit erschrickt die Frau nicht mehr, wenn sie die weiße Frau sieht, da sie nun das Gefühl hat, dass sie von ihr beschützt werden.

Foto: Stephanie Leppert

Weiße Gestalt

Der alte Urgroßvater saß mit seinen Nachkommen am Tisch, als er plötzlich wie gebannt zur Türe starrte. Als er sich wieder fing, erzählt er, dass gerade eine weiße Gestalt zur Tür reingekommen und dann wieder verschwunden ist, wie in Luft aufgelöst. Alle dachten, dass der alte Mann sich getäuscht haben musste und ihm sein Gehirn einen Streich gespielt hatte. Kurze Zeit später erhielten sie die Nachricht, dass der Bruder des Urgroßvaters gestorben sei. Es war genau um die Zeit passiert, als der Urgroßvater die weiße Gestalt sah.

Weiße Gestalt am Ayrhof

Vor einigen Jahren machten drei junge Männer in einem Gasthof am Ayrhof Urlaub. Als sie abends noch einen kleinen Spaziergang machten, sahen sie schon von weitem, dass ihnen eine weiße, schemenhafte Gestalt entgegen kam. Von weitem sprachen sie die Gestalt schon an, doch diese reagierte nicht. Die weiße Gestalt kam immer näher und den drei Männern wurde es immer unheimlicher. Als sie nicht mehr weit von ihnen weg war, wichen die beiden auf die angrenzende Wiese aus. Als die weiße Gestalt dann auf gleicher Höhe war, trauten sie ihren Augen nicht: Es schien, als würde sie schweben. Sie konnten keine Schritte hören und keine Füße sehen, die den Boden berührten. Ohne die drei zu beachten, setzte die weiße Gestalt ihren Weg fort und war nach einiger Zeit nicht mehr zu sehen. Mit einem mulmigen Gefühl gingen die jungen Männer zurück zum Gasthof.

Die weiße Frau vom Zuckerrieder Berg

Zwei Männer fuhren auf der B85 von Patersdorf nach Regen, als sie auf der Anhöhe Richtung Zuckenried eine weiß gekleidete Frau am Straßenrand winken sahen. Die Männer hielten das Auto an und fragten die Frau, was los sei. Diese fragte die Männer, ob sie sie bitte nach March mitnehmen könnten. Da dies sowieso ihr Weg war, ließen sie die seltsam gekleidete Frau einsteigen. Das Auto war ein Dreitürer, so musste der Beifahrer aussteigen und den Sitz vorklappen, damit die Frau einsteigen konnte. So fuhren sie weiter Richtung March. An der Kreuzung am Marcher Berg wollte der Fahrer die Frau fragen, warum sie nach March wollte und drehte sich zu ihr um. Doch zu seiner Verwunderung war niemand mehr auf der Rückbank, die Frau war spurlos verschwunden. Da fragte er vorsichtig seinen Beifahrer: „Wir haben doch gerade eine Frau mitgenommen? Oder bilde ich mir das ein?“ Der Beifahrer drehte sich um und war genauso erschrocken wie der Fahrer, von der Frau fehlte jede Spur, sie hatte sich einfach in Luft aufgelöst. Der Beifahrer sagte: „Ich bin doch ausgestiegen und hab diese Frau einsteigen lassen, das gibt es doch nicht!“ Beide trauten ihren Augen nicht und zweifelten an ihrem Verstand. Als sie kurz vor March waren, sahen sie, dass sich hier vor kurzer Zeit ein schwerer Unfall ereignet hatte, sie waren unter den Ersten an der Unfallstelle. Später redeten sie nochmal über diesen Vorfall mit der weißen Frau und dem Unfall. Beide waren sich einig, hätte die weiße Frau sie nicht aufgehalten, wären sie früher an der Unfallstelle gewesen und selbst zu Schaden gekommen. So waren sie der weißen Frau dankbar, die sie aufgehalten hatte.

Der weißen Frau aufgelauert

Zwei junge Männer hörten von ein paar Freunden, dass es angeblich bei der Marcherer Kreuzung auf der B85 eine Geisterscheinung einer weißen Frau geben soll. Dieser Sache nahmen sie sich vor auf den Grund zu gehen. So trafen sie sich am Marcherer Fußballplatz, welcher gleich neben besagter Kreuzung ist und warteten, ob sich in dieser Nacht etwas Übernatürliches zutragen würde. Als es dunkel wurde, sahen die beiden tatsächlich eine weiße Gestalt, die direkt auf sie zu ging. Da bekamen die beiden es mit der Angst zu tun und nahmen Reißaus. Da beide in der nahen Umgebung wohnten, aber nicht im selben Dorf, liefen sie in unterschiedliche Richtungen davon. Einer von ihnen wurde aber von der weißen Frau verfolgt, sie lief ihm hinterher. Bis kurz vor seinem Zuhause konnte er sie immer noch hinter sich sehen, wie sie ihm in einigem Abstand folgte. Als er zu Haus ankam, öffnete ihm seine Freundin erschrocken die Haustüre, er war schweißgebadet und völlig außer Atem. Er erzählte ihr alles, aber sie glaubte ihm nicht. Da sie keine weiße Frau sah, als sie ihm die Türe öffnete, war sie der Meinung, dass ihr Freund sie verarschen wollte. Auch als der seinen Freund anrief und dieser ihr ebenfalls von dem Erlebten erzählte, glaubte sie ihnen nicht.

Ein paar Tage später ging der junge Mann, welcher von der weißen Frau verfolgt wurde, in die Arbeit und hatte dort einen schrecklichen Unfall, den er nicht überlebte.

Hatte sich die weiße Frau gerächt, dass ihr aufgelauert wurde oder war es reiner Zufall? Man wird es leider nicht mehr erfahren.

Weiße Frau von Langdorf

Ein Mann fuhr im Winter, in der Nacht, von Außenried Richtung Langdorf. Kurz vor Langdorf sah er etwas weiter entfernt, wie eine Gestalt über den Schnee am Straßenrand auf die Straße sprang. Diese Gestalt war weiß gekleidet und schien eine Frau zu sein und helle Haare zu haben, soviel wie er von Weitem sehen konnte. Da dachte er sich, diese Frau erschrecke ich und gebe Gas und sprenge sie wieder in den Schnee zurück. Die weiße Gestalt bemerkte dies und drehte den Kopf in Richtung des Autofahrers, aber anstatt in den Schnee zurückzuspringen, fing sie an, auf das Auto zuzulaufen. Der Autofahrer sah nun, dass es sich um eine blasse alte Frau mit einem weißen Kleid und schneeweißen Haaren handelte. Das Gesicht der Frau machte ihm Angst. Er drosselte die Geschwindigkeit und lenkte auf die andere Straßenseite, um der Frau auszuweichen. Die Gestalt aber lief immer schneller und steuerte direkt auf das Auto zu. Der Autofahrer bremste akut ab, so dass er zum Stehen kam, die Gestalt aber wurde immer schneller und hatte sein Auto gleich erreicht. Panisch sperrte er das Auto schnell ab, so dass ihm die gruselige Erscheinung nichts anhaben konnte. Diese aber lief direkt auf das Auto zu, ohne einen Ruck lief die Gestalt durch das Auto. Da schrie der Fahrer, als er das sah. Nun, dachte er sich, es ist vorbei, sie wird mich packen und mein Leben wird vorbei sein. Doch nichts passierte. Als er sich umdrehte, war die Gestalt wie vom Erdboden verschluckt. Zitternd und mit einem Schock setzte der Fahrer nach einiger Zeit die Fahrt fort. Dieses Erlebnis wird er niemals in seinem Leben mehr vergessen.

Mann sieht die weiße Frau

In der Nähe von Kötzting hatte ein Mann im Haus der Eltern den obersten Stock für sich ausgebaut und bewohnte diesen alleine. Im Flur rechts neben der Türe zu seiner Wohnung hatte er sich ein großes Fenster eingebaut, wodurch die Wohnung heller und freundlicher geworden war. Als nun der Mann eines Tages die Treppe hoch in seine Wohnung ging, öffnete er die Türe und schaute rechts zum großen Fenster. Er traute seinen Augen nicht: Draußen vor dem Fenster konnte er die Gestalt einer weißen Frau sehen, wie wenn sie in der Luft schweben würde. Gebannt von diesem Anblick stand er wie starr und schaute sie an. Nach gefühlt ein paar Sekunden musste er blinzeln und als er die Augen wieder hinsah, war die weiße Frau verschwunden. Der Mann stellte fest, dass er keine Panik verspürte, sondern eher ein wohltuendes, beruhigendes, fast besänftigendes Gefühl in sich spürte. Fast wie neu geboren fühlte er sich, also eigentlich das Gegenteil, von dem, was man immer aus anderen Geschichten mit der weißen Frau erzählt bekommt.

Für unsere Vorfahren, war das Erscheinen der weißen Frau kein schlechtes Zeichen, sie galt als Teil der dreifaltigen Ahnfrau. Wenn sie als weiße Frau erschien, deutete sie einen Beginn oder Neuanfang an. Es wird sich etwas im Leben ändern oder, wie ich es selbst erlebt habe, dass sie einem zeigt, dass das Leben weitergeht und man noch vieles Positives vor sich hat.

Die weiße Frau von Oberfrauenau

In bestimmten Nächten soll man in Oberfrauenau eine Kutsche fahren sehen, es sitzt aber kein Kutscher oben drauf. Hinten in der Kutsche sitzt eine Frau, ganz weiß gekleidet, mit schneeweißen Haaren und fahlem Gesicht. Man erzählt sich, dass dies der Geist einer ehemaligen Besitzerin des im Ort stehenden Herrenhauses sein soll, welcher keine Ruhe findet.

Geisterbraut

Ein Mann fährt mit seiner Frau von Blaibach auf der alten Straße nach Kötzting. Als er in die letzte Kurve vor Kötzting fährt, sieht er plötzlich, vor ihm, eine Frau im Brautkleid und ein kleines Kind auf der Straße stehen. Der Mann versucht auszuweichen, das Auto gerät ins Schleudern und landet im Straßengraben.

Seine Frau wird gleich hysterisch und schreit: „Du hast die beiden zusammengefahren!" Er konnte sie tatsächlich nicht verfehlt haben, da sie so kurz vor dem Auto erst aufgetaucht waren.

Sofort stiegen die beiden aus und wollten nach der Braut und dem Kind sehen, aber zu ihrer Verwunderung konnten sie niemanden finden. Hätten sie die Braut und das Kind nicht beide gesehen, würden sie glauben, dass ihr Gehirn ihnen einen Streich gespielt hatte. Aber beide hatten sie auf der Straße stehen sehen.

Einige Zeit später erzählte der Mann den Vorfall in einem Wirtshaus in Kötzting und dass er sich keinen Reim darauf machen könne. Da meldete sich ein Mann und erzählte, dass er vor vielen Jahren einmal bei einem Braustehlen dabei war und Folgendes passiert ist:

In den 1950er Jahren gingen dort ein paar Burschen mit einer Braut, die sie vorher gestohlen hatten und einem Brautkranzlmädchen zum Brautstehlen in ein anderes Wirtshaus.

Plötzlich kam ein dunkelblauer Ford um die Kurve gefahren. Keiner rechnete damals mit viel Verkehr, da es noch wenige Autos im Bayerischen Wald gab. Die Burschen konnten sich mit einem Sprung in den Straßengraben retten, jedoch erfasste der Autofahrer die Braut und das Mädchen. Beide waren sofort tot.

Der damalige Zeuge berichtete auch noch, dass er sah, dass die beiden Unfallopfer als durchsichtige Silhouetten aufstanden und rüber zum Wald gingen. Sie drehten sich dort noch einmal um, schauten nach der Unfallstelle und verschwanden dann im Wald. Er ist sich absolut sicher, dass er das genau so gesehen hat und wenn es nicht stimme, solle er auf der Stelle tot umfallen, betonte er noch extra.

Foto: H&K Photografie

Zwerge

Zwerg im Wald

Bei Hirschbach ging ein Junge mit seinem Vater in den Wald, um ihm bei Holzarbeiten etwas zu helfen. Als sie schon einige Zeit im Wald waren, bat der Vater den Sohn, dass er ihm doch bitte die Axt hole, er hatte sie am letzten umgeschnittenen Baum vergessen. Der Sohn machte sich auf den Weg, da er noch genau wusste, an welchen Baum sie der Vater kurz zuvor gelehnt hatte. Als er gerade um einen größeren Stein ging, blieb er vor Schrecken wie angewurzelt stehen. Ein paar Meter vor ihm sah er einen Zwerg, der sich ebenfalls erschreckt hatte und verdutzt drein schaute. Der Zwerg hatte etwa eine Größe von 120 cm, trug schmutzige Kleidung und eine Zipfelmütze, deren Spitze seitlich runterhing. Sein Gesicht war das eines uralten Mannes, mit einem langen Vollbart. Der Zwerg hob seinen Finger, legte ihn an den Mund und machte pssst, dann lachte er den Jungen an und verschwand im Wald. Der Junge brauchte noch ein paar Minuten, bis er sich wieder fing, lief dann ohne die Axt zu seinem Vater und erzählte ihm, was er gerade erlebt hatte. Dieser glaubte ihm nicht und sagte dem Jungen, dass er endlich die Axt bringen sollte.

Foto: Frank Gesink

Zwergenwesen

Zwei Freundinnen gingen von Schwarzenbach, bei Lohberg, Richtung dem Berg Schwarzeck. Als sie schon eine Zeitlang im Wald unterwegs waren, sahen sie, dass sich in einiger Entfernung eine kleine junge Fichte hin und her bewegte. Es sah aus, als wenn diese von einem heftigen Wind bewegt würde, komischerweise bewegten sich aber die Bäume rundum nicht. Als sie näher kamen, trauten sie ihren Augen nicht. Sie sahen ein kleines, zwergenähnliches Wesen, das wie wild an dem Baum wackelte. Wie dieses seltsame Wesen die beiden Frauen bemerkte, lief es in den Wald und war nicht mehr zu sehen. Die beiden Frauen hatten so etwas noch nie gesehen, es ähnelte den Zwergen, wie man sie aus den Märchen kennt, mit einer Zipfelmütze, deren Spitze seitlich neben dem Kopf herunterhing.

Foto: Frank Gesink

Der Tod

Der Glaube der Waidler an die Untoten

Der Glaube an die Untoten ist nicht nur in Transsilvanien verbreitet, sondern auch in vielen anderen Regionen weltweit, so auch im Bayerischen Wald. Dies wird durch das überlieferte Brauchtum oder Traditionen sichtbar. So war es früher der Brauch, die Toten zu Hause drei Tage aufzubahren, bevor man sie zum Friedhof brachte. Während dieser Tage gab es den Brauch des Aufbleibens. Hier kamen die Nachbarn und Freunde der Familie zusammen und blieben in der Nacht dort im Haus. Diese harte Zeit wurde mit der Familie verbracht, es wurde gebetet und über das Leben des Verstorbenen gesprochen. Die Trauerfamilie hatte die Aufbleiber mit Essen und Trinken zu versorgen, oft ging es dabei auch lustig her, wenn über die Schandtaten des Verstorbenen geredet und gelacht wurde. Hintergrund für dieses Aufbleiben war, dass man diese Familie mit dem Toten nicht allein lassen wollte, es könnte ja sein, dass dieser als Untoter zurückkommt.

Der Tote wurde dann von den Leichenträgern aus dem Haus getragen, an der Türschwelle senkten sie den Sarg aber drei Mal zu Boden und sagten: „Im Namen des Vater, des Sohnes und des Heiligen Geistes, Amen.“ Dies sollte dem Toten zeigen, dass er das Haus jetzt verlässt und nicht mehr zurückkommen darf.

Nach der Beerdigung wurde das Bettzeug des Verstorbenen verbrannt, Bettdecke und Kopfkissen. Dies sollte dem Toten zeigen, falls er doch noch mal zurückkommt, dass hier kein Platz mehr für ihn ist.

Im Unterschied zu Transsilvanien glaubte man hier im Bayerischen Wald aber nicht, dass der Tote als blutsaugender Untoter zurückkommt, sondern eher als Geist, der dann im Haus waihazt.

Waiharzen kommt vom Wort Waiz.

Die Waiz ist ein uraltes Bayerisches Wort für Spuken oder Geistern. Es bedeutet übersetzt so viel wie das Umgehen der abgestraften Seelen. Man war der Meinung, dass die Verstorbenen nach dem Tod zum lieben Gott vors himmlische Gericht müssen. Dort wurde entschieden, was nun mit der Seele passierte. Hat dieser zu Lebzeiten ein gottesfürchtiges Leben geführt, durfte er ins Paradies einziehen. War er ein böser Mensch, welcher Todsünden begangen oder sich sogar mit dem Teufel eingelassen hatte, so kam seine Seele in die Verdammnis. Hatte der Verstorbene kleine Sünden, kam er ins Fegefeuer, wo er diese Sünden abbüßen musste, bevor er ins Himmelreich einziehen konnte. Nun gab es aber Sünder, welche auf Erden noch etwas gut zu machen hatten, diese wurden abgeurteilt, als Geist auf Erden zu wandeln, bis ihre Schuld abgegolten war. Manche bezeichnen das auch als Fegefeuer auf Erden. Wenn diese Geister nun von den Waidlern gespürt oder gesehen wurden, wurde gesagt, es waizt, dort geht eine ruhelose Seele um.

Es gibt auch hier Sagen, wo Tote Unheil über die Familie bringen, aber nicht wie ein Vampir, der aus dem Grab herauskommt, sondern als Untoter, der sein Grab körperlich nicht verlassen darf. Er saugt, so sagt man, am Leichentuch oder beißt auf seinen Lippen rum und saugt so den Familienangehörigen die Lebensenergie aus. Diese Untoten nannte man Nachzehrer. Diese, glaubte man, konnte man auch auf den Friedhöfen hören, da sie immer noch Schmatzgeräusche von sich gaben, wenn sie am Leichentuch oder ihren eigenen Körperteilen saugten. Solange diese Untoten saugen können, so war man der Meinung, bringen sie Unheil über die Familie.

So kam es vor, dass man die Toten wieder ausgrub und dann tatsächlich Tote fand, die scheinbar an ihrem Leichentuch saugten, da dieses in den Mund gezogen und blutig feucht war. Dahinter steckt wahrscheinlich, dass sich der Bauch aufblähte, so dass das Leichentuch in den Mund gezogen wurde und durch die Zersetzung des Körpers Leichenflüssigkeit das Tuch befeuchtete. Diesen Untoten steckte man dann einen großen Stein in den Mund, so dass sie nicht mehr am Tuch saugen konnten.

Die Waidler und der Tod

Auch an den Tod als Person glaubten die Waidler. Dieser, so glaubten sie, holt die Sterbenden ab. So ist man heute noch der Meinung, dass der Tod immer drei holt: Stirbt jemand, so müssen ihn drei Bekannte oder drei aus derselben Gegend begleiten. Auch sagt man, einer kommt, einer geht. Bevor in die Familie wieder neues Leben kommt, muss einer gehen, oder es geht einer aus der Familie, nachdem ein neues Leben geboren wurde.

Sogar riechen soll man diesen Tod können. Viele Menschen, die im Krankenhaus oder im Altenheim arbeiten, berichten, dass man schon bevor jemand stirbt, einen süßlichen Geruch schmecken kann. Dieser komme aber nicht vom Sterbenden selber, sondern von draußen zur Tür herein.

Totenbretter

Im mittleren Bayerischen Wald sieht man heute noch Hinweise auf diesen alten Brauch. Die Toten wurden früher auf Brettern zu Hause aufgebahrt, bevor man sie zum Friedhof brachte. Diese Bretter wurden dann nach der Beerdigung, mit dem Namen der Verstorbenen, dem Geburts- und Sterbedatum, zur Erinnerung aufgestellt.

Im Gegensatz zu heute wurden diese aber nicht lackiert, damit sie länger halten, sondern eher an Stellen aufgestellt, wo die schneller verfaulen, wie in feuchten Wiesen. Man glaubte, dass die Seele des Verstorbenen erst aus dem Fegefeuer erlöst ist und ins Himmelreich darf, wenn das Totenbrett verfault ist.

Heutzutage werden die Totenbretter als Denkmal für die Verstorbenen aufgestellt und so hergestellt, dass sie möglichst lange halten.

Seelenlichter

Ein junger Mann wurde in die Wehrmacht eingezogen. Nach kurzer Grundausbildung wurde er an die Ostfront nach Russland versetzt. Er war noch nicht lange dort, da musste er sich schon in einem großen Gefecht beweisen. Viele Soldaten waren gefallen oder lagen verletzt zwischen den Fronten, man hörte ihre Schreie, aber keiner konnte ihnen helfen, ohne selbst Gefahr zu laufen, getroffen zu werden. Der Tag ging zu Ende und es wurde dunkel. Es war eine tiefschwarze Nacht, die von den Schreien der Verwundeten durchzogen war, die überall lagen, ohne Hoffnung. Jedes Mal, wenn das die Hilferufe eines Verwundeten aus einer bestimmten Richtung endeten, stieg dort ein kleines Lichtlein auf. Mehrmals konnte der junge Soldat dies beobachten, immer wieder stiegen nach dem Verstummen der Schreie Lichtlein in den Himmel und verteilten sich dort in alle Richtungen. Er konnte sich dieses Phänomen nicht erklären und fragten seinen Kameraden: „Was haben die Russen da für Lichter?“ Sein Kamerad antwortete ihm: „Das sind keine Lichter der Russen, es sind die Seelen der gerade Verstorbenen.“

Den Tod kann man riechen

Eine Frau fuhr eine ältere Bekannte nach Hause. Da die Frau ihre fünfjährige Tochter dabei hatte und diese auf dem Rücksitz saß, setzte sich die ältere Frau auch zu dem Kind auf den Rücksitz.

Als sie dann bei der Bekannten zu Haus ankamen und die ältere Frau ausgestiegen war, fragte das Mädchen: „Mama, warum hat sie so komisch gerochen?“ Auch die Mutter nahm diesen seltsam süßlichen Geruch wahr.

Am nächsten Tag erfuhr sie, dass die Frau, welche sie am Abend zuvor noch heimgefahren hatte, in der Nacht an einem plötzlichen Herztod verstorben war. Viele Jahre später unterhielt sich die Tochter mit ihrer Mutter noch einmal über den seltsamen Geruch der alten Frau und den darauf folgenden Tod. Da erzählte diese ihr, dass man den Tod riechen könne, bevor der Tod jemanden holt.

Als dann die Großeltern des Mädchens verstarben, roch sie den gleichen Geruch, den sie damals an der alten Frau wahrgenommen hatte.

Der Tod meldet sich drei Tage lang an

Eine Bewohnerin im Altenheim sagt eines Abends zur Pflegerin, dass sie in der Ecke des Zimmers den Tod stehen sieht. Er sagt aber nichts, sondern sieht sie nur an. Am nächsten Abend erzählt die Alte wieder, dass der Tod bei ihr in der Zimmerecke steht. Die Pflegerin denkt sich nichts dabei und glaubt, dass die Alte etwas verwirrt ist. Wieder einen Tag später erzählt ihr die Bewohnerin das Gleiche: „Der Tod steht in der Ecke, schaut mich an und sagt nichts.“ Wieder glaubt ihr die Pflegerin nicht, da sie keinen sehen kann, der in der Ecke steht. Als die sie am darauffolgenden Tag zur Arbeit kommt, hört sie, dass diese Bewohnerin verstorben ist. Hat sich der Tod drei Abende lang angekündigt und sie am vierten Abend geholt? Vielleicht wollte er der alten Frau noch die Gelegenheit geben, sich von den Angehörigen zu verabschieden, so dachte die Altenpflegerin.

Ruhelose Seelen am Friedhof

Auf dem Friedhof soll es arme ruhelose Seelen geben, welche nicht vom weltlichen Leben lassen können oder nicht wissen, wie sie ins Jenseits gelangen. So kann es passieren, wenn man durch den Friedhof geht und für diese Seelen empfänglich ist, dass sich diese an einen dran hängen und mitgehen. Im schlimmsten Fall hat man diese dann zu Haus. Wenn diese dann merken, dass man ihnen auch nicht helfen kann, können sie zu sogenannten Poltergeistern werden, die einen nicht mehr in Ruhe lassen. Drum sollte man, wenn man den Friedhof verlässt, immer sagen: „Bleibt‘s hier, ich kann euch auch nicht helfen.“

Träume von Toten

Eine ältere Frau träumte in der Nacht von ihrer Schwester und ihrer toten Mutter, als die Frau am Morgen aufwachte, erinnerte sie sich an den Traum und war sehr traurig. Denn immer, wenn sie von einem Toten und einem Lebenden im gleichen Traum träumt, dauert es nicht lang und der Lebende folgt dem Toten ins Grab. Die alte Frau sollte auch dieses Mal recht behalten, ein paar Stunden später erhielt sie einen Anruf von ihrer Nichte, dass die Mutter, also die Schwester der alten Frau, gestorben ist.

Träume von schwarzen Pferden

Eine junge Frau, die in der Nähe von Moosbach wohnte, träumte in der Nacht einen seltsamen Traum mit schwarzen Pferden, obwohl sie nie was mit Pferden zu tun hatte. Am nächsten Tag besuchte die Frau ihre Tante und erzählte ihr von ihrem seltsamen Traum. Ihre Tante wusste aus alten Erzählungen, dass wenn man von schwarzen Pferden träumt, dies den nahen Tod einen Bekannten oder Verwandten bedeutet. Tatsächlich starb ein paar Tage darauf der Nachbar der jungen Frau, zu dem sie ein sehr freundschaftliches Verhältnis hatte.

Ein Mann wachte morgens schweißgebadet auf und seine Frau fragte ihn, was denn los sei. Er erzählte ihr, dass er in seinem Traum vor schwarzen Pferden davon gelaufen sei, die ihn verfolgt hatten. Auch die darauf folgenden Tage wachte der Mann immer schweißgebadet auf und erzählte immer vom selben Traum. Kurz darauf wurde der Mann krank und verstarb innerhalb kürzester Zeit an Krebs.

Übern Sonntag im Leichenschauhaus liegen

Im manchen Gegenden im Bayerischen Wald gibt es den Mythos, wenn in einer Gemeinde jemand stirbt und wird vor dem Sonntag nicht beerdigt, liegt also über den Sonntag im Leichenschauhaus, dann nimmt dieser noch zwei weitere mit sich. Es sterben sehr bald aus der Gemeinde zwei weitere Personen.

Totenlichter

Irrlichter wurden früher auch als Totenlichter bezeichnet, zum Ersten, da man der Meinung war, dass dies arme Seelen von Verstorbenen sind, welche zu Lebzeiten ein Unrecht begangen haben und dies nun als Irrlicht abbüßen müssen. Zum Anderen, da es einige Überlieferungen gibt, wo mutige Menschen versuchten, eines dieser Irrlichter zu fangen. Die, denen es gelungen ist, berichten, dass sich, als sie das Irrlicht in der Hand hatten, es sich in einen Totenkopf verwandelte. Diesen Menschen brachte es den baldigen Tod.

Irrlichtern sollte man mit Respekt begegnen, da sie einem auch Unglück bringen können. Wird einem späten Wanderer der Weg von einem Irrlicht ausgeleuchtet und bedankt sich dieser dafür nicht mit einem „Vergelts Gott", so erzürnt er das Irrlicht und es wird ihm Unheil anwünschen. Durch das „Vergelts Gott" würde die gute Tat des Irrlichtes gewürdigt und es wäre erlöst worden.

Tod schaut zum Fenster rein

Ein Mann kam nach dem Zweiten Weltkrieg von der Kriegsgefangenschaft heim. Da er sich mit einem Virus angesteckt hatte, war er sehr geschwächt. Er bekam zu Hause so starkes Fieber, dass er das Bett nicht mehr verlassen konnte. Seine Frau rief den Arzt, dieser sagte aber, dass er ihm nicht mehr helfen könnte. Der Kranke sei schon zu schwach und es gab auch einen medizinischen Engpass in der Nachkriegszeit. Der Arzt sagte der Frau, dass es keine Hoffnung mehr gebe, dass der Mann diese Krankheit überleben würde.

Die Frau gab aber die Hoffnung nicht auf, sie machte ihrem Mann Wadenwickel gegen das Fieber und umsorgte ihn liebevoll. Doch er wurde immer schwächer. Drei Tage, nachdem der Arzt da war, machte ihm die Frau grad wieder einen Wadenwickel, als dieser plötzlich aufschreckte und mit weit aufgerissenen Augen zum Fenster schaute. Sie fragte ihn, was los sei, wieso er sich so erschreckt habe?

Der Mann antwortete der Frau mit zitternder Stimme, dass er gerade den Tod am Fenster vorbeigehen gesehen hatte, der Tod habe ihn direkt angesehen. „Er wird mich heute Nacht holen", so war seine feste Meinung.

Die Frau war sehr beunruhigt. Hatte er wirklich den Tod gesehen oder nur im Fieber phantasiert? Beides aber würde für seinen schlechten gesundheitlichen Zustand sprechen. Mit Angst vor dieser Nacht legte sich die Frau ins Bett. Als sie am nächsten Tag aufwachte, lebte ihr Mann noch und sie war sehr dankbar dafür.

Plötzlich klopfte jemand an die Tür. Es war eine Bekannte aus der Nachbarschaft, sie erzählte ihr, dass im Haus nebenan der Nachbar gestern Abend in den Keller gehen wollte und ausrutschte. Er brach sich das Genick und war sofort tot.

Der kranke Mann wurde trotz aller Erwartungen und wahrscheinlich wegen der liebevollen Pflege seiner Frau wieder gesund und lebte noch viele Jahre weiter.

Hatte er in dieser Nacht wirklich den Tod gesehen, der nicht ihn, sondern den Nachbarn holte?

Hobagoaß

Die Hobagoaß

Die Hobagoaß ist eine über zwei Meter hohe Gestalt, die einer Ziege ähnelt und aufrecht auf zwei Beinen geht. Sie hat mächtige Hörner und einen langen Bart. Die Farbe ihres Fells ist schwarz oder weiß. Meistens wird sie aber nicht gesehen, sondern man hört nur ihr Meckern.

An beiden Füßen hat sie die Hufe einer Ziege, während die Arme eher menschlich aussehen. Die Augen sind rotglühend.

Laut der germanischen Mythologie soll sie den Donnergott Donar (Thor) symbolisieren oder auf alle Fälle mit ihm in Verbindung stehen, auch Donars Kampfwagen wurde von zwei mächtigen Ziegenböcken gezogen.

Meistens, wenn die Hobagoaß gesehen oder gehört wurde, zog ein Gewitter mit Sturm, Blitz und Donner auf. Früher war man der Meinung, dass die Hobagoaß den Sturm nutzte, um mit ihm zu fliegen.

Für den Namen Hobagoaß, oft auch Habagoaß genannt, gibt es mehrere Ableitungen.

Im Bayerischen sagt man, dieser kommt vom Hafer, (im Dialekt Hobern genannt), also Haferbock. Manchmal wurden in einem vom Sturm verwüsteten Haferfeld die Hufabdrücke einer Geiß gesehen, deshalb entstand wahrscheinlich dieser Name.

In den alten nordischen Sprachen wird der Bock als Hafr bezeichnet, einer der Ziegenböcke, welche Thors Streitwagen ziehen, wird Hafar genannt. Da die Sagen um die Hobagoaß oft mit Unwetter und Donner zu tun haben, ist eine Nähe zum Donnergott vorhanden. Deshalb kann man davon ausgehen, dass dass Wort Hafar-Bock zur Habageiß bzw. Hobagoaß geworden ist.

Je nach Jahreszeit hatte die Erscheinung der Hobagoaß verschiedene Bedeutungen.

Die Hobagoaß im Frühling

Die Hobagoaß steht eigentlich für ein dämonisches Wesen, welches meistens Unglück oder sogar den Tod bringt. Im Frühjahr aber vertreibt sie den Winter und erweckt die Natur zu neuem Leben. Hier gilt sie als Fruchtbarkeitsbringer für alle Pflanzen und Tiere.

Die Hobagoaß steht hier für die immer wieder von Neuem erwachende Natur, den Beginn des Naturkreislaufes.

Die Menschen freuten sich, wenn sie am Ende des Winters die Hobagoaß meckern hörten, denn dann war der Frühling nicht mehr weit.

Die Hobagoaß im Sommer/Herbst

Im Sommer oder Herbst ist die Hobagoaß von den Bauern sehr gefürchtet, da sie hier immensen Schaden anrichtet. Wenn ein Gewitter mit einem Sturm aufzieht und dazu das Meckern einer Ziege erklingt, weiß man, dass die Hobagoaß im Sturm mitfliegt und eines oder mehrere Kornfelder zerstören wird. Der Sturm fährt in das Kornfeld und die Hobagoaß springt noch im Feld herum, bis alles platt und zerstört am Boden liegt. Am nächsten Tag kann man dann im Feld die Hufabdrücke einer großen Ziege sehen. Schützen kann man sich hier nur mit den sogenannten Wetterglocken, die früher viele Kirchen hatten. Mit dem heiligen Klang dieser extra gegen Unwetter geweihten Glocken konnte man die schweren Gewitter umlenken und diesen Korndämon vertreiben. Diese Glocken wurden oft auch Hunde genannt, da sie gegen das Wetter anbellten/läuteten und es somit vertrieben.

Auch gab es früher sogenannte Anbeter, welche mit mystischen, aber meist christlichen Sprüchen die Wetter abwehrten. Heutzutage glaubt man weder an die Hobagoaß, die Wetterglocken noch an diese

Anbeter, was eigentlich sehr schade ist, da die Mystik und der Glaube immer weniger werden. Der Mensch glaubt alles zu verstehen und alles wissenschaftlich beweisen zu müssen. Was nicht erklärbar ist, gibt es auch nicht oder darf es nicht geben.

Foto: Frank Gesink

Die Hobagoaß im Winter

Wer in dieser dunklen und mystischen Jahreszeit die Hobagoaß sieht oder sie hört, dem wird ein Unglück widerfahren. Die Hobagoaß gilt im Winter als Todesanzeiger oder Todesbringer. Wem sie sich also bemerkbar macht, der muss entweder selber bald sterben oder der Tod eines geliebten Menschen steht kurz bevor.

Auch wird dieser Sagengestalt nachgesagt, dass sie die Seelen der Verstorbenen abholt und in die andere Welt begleitet.

Von der Hobagoaß zerrissen

Laut alten Sagen darf man am Abend oder in der Nacht nicht das Meckern der Hobagoaß nachmachen, die Sagengestalt würde sich sonst beleidigt fühlen. Sollte diese zufällig in der Nähe sein, kommt sie in der Nacht, holt den Nachahmer aus dem Bett und zerreißt ihn in mehrere Stücke. Also ist lieber Vorsicht geboten, wenn man abends aus dem Haus geht und wie eine Ziege meckert – die Hobagoaß könnte es hören.

Foto: Na_Ma_De-Fotografie

Sagen aus dem Bayerischen Wald

Schriller Schrei aus dem Wald

In der Nähe der Ortschaft Furth im Wald steht ein kleiner Bauernhof etwas abgeschieden am Waldrand. Im Wald hinter dem Bauernhof soll es nachts nicht mit rechten Dingen zugehen, dort wurden, so sagt man, Schwirzer von Räubern umgebracht, um an ihre Waren zu kommen und dann dort verscharrt. Die Geister der Getöteten sind immer noch an diesen Ort gebunden, bis jemand ihre Gräber findet und sie in geweihter Erde begraben lässt. Ein Mann und eine Frau leben auf diesem Bauernhof und fühlen sich eigentlich recht wohl an diesem abgeschiedenen Ort. Eines Nachts im Sommer 2014, als ihr Mann nicht zu Haus war, hörte die Frau einen schrillen, markerschütternden Schrei aus dem Wald und gleich darauf, wie etwas Schweres auf ihr Anwesen zutrabte. Das Pferd im Stall hörte und spürte das unbekannte Wesen ebenfalls und begann unruhig zu werden und man merkte, dass es am liebsten flüchten wollte. Die Frau traute sich nicht, sich zu bewegen und hörte vom Wohnzimmer aus das Trappeln und Schreien des Wesens, das geradewegs durch ihren Hof hindurch rannte. Ohne anzuhalten, lief es weiter und man konnte diese schweren Schritte noch in weiter Entfernung hören. Als endlich ihr Mann nach Haus kam, erzählte ihm die Frau sofort den Vorfall. Der konnte sich aber keinen Reim darauf machen und glaubte, dass sich seine Frau getäuscht haben musste. Ein paar Nächte später lagen die Frau und der Mann schon im Schlafzimmer im oberen Stock des Wohnhauses, als sie plötzlich wieder dieses Wesen aus dem Wald gruselig schrill schreien hörten. Der Schrei war so schrecklich, dass beide wie erstarrt im Bett liegen blieben und sich nicht zu bewegen trauten, als sie hörten, dass das schwere Trappeln wieder auf ihr Anwesen zukam. Auch das Pferd im Stall geriet in Panik. Genau wie beim letzten Mal lief das Wesen durch ihren Hof, ohne anzuhalten, und verschwand in der Ferne. Dieser Vorfall wiederholte sich öfter und jedes Mal standen die Anwohner des Bauernhofes Todesängste aus. Der Mann, der sich eigentlich vor nichts fürchtet, traute sich keinen Schritt ans Fenster zu gehen, um zu sehen, was das für ein Wesen war. Eines Tages traf die Frau den zuständigen Jäger, der für den Wald hinter ihrem Bauernhof zuständig war. Sie erzählte ihm alles und er versprach, der Sache auf den Grund zu gehen. Da ihm aber das selber nicht ganz geheuer vorkam, bat er einen befreundeten Jäger, ihn in der Nacht zu begleiten. Die Jäger trafen sich am gleichen Abend und setzten sich auf einen Hochsitz, der in der Nähe des Bauernhofes war. Plötzlich, mitten in der Nacht, hörten sie das schrille und mark-erschütternde Geschrei dieses Wesens, auch das schwere Trappeln vernahmen sie durch den Wald in Richtung des Bauernhofes. Sehen konnten sie das Wesen aber nicht, da es zu weit weg und zu dunkel war. Am nächsten Tag kam der Jäger zu dem Bauernhof und erzählte der Frau, dass sie ebenfalls dieses Wesen gehört hätten und er und der andere Jäger noch nie so einen Schrei vernommen hatten. Er schloss aus, dass es sich um ein bekanntes einheimisches Tier handle. Er versprach der Frau, dass er sich mit anderen Jägern auf die Lauer legen werde, um dieses Wesen zu stellen, um herauszufinden, um was es sich hier handelt. Seit diesem Tag war aber dieses Wesen verschwunden, weder die Jäger noch die Bauersleute hörten wieder etwas von diesem Wesen. Bis im Sommer 2015 die Frau in der Nacht wieder durch diesen schrillen markerschütternden Schrei aus ihrer Ruhe gestört wurde und alles von vorne begann.

Was war oder ist dieses Wesen? In alten Legenden wird ein Tier beschrieben, dass trabt und schwer ist wie ein Pferd, ein Nachtmahr. Diese Sagenwesen sollen allein durch ihr Aussehen und ihr Geschrei die Menschen in Angst und Panik versetzt haben. Der Nachtmahr wird als schwarzer, großer Hengst mit rot leuchtenden Augen beschrieben. Sie sollen nur nachts auftauchen und auf Jagd nach Fleisch sein. Der Nachtmahr zählt zu den sogenannten Albgeistern, die versuchen, anderen Lebewesen Angst einzujagen, aus dieser Angst saugen sie ihre Lebensenergie. Nachtmahre werden auch als die Reittiere der Dämonen bezeichnet.

Lebt in der Nähe von Furth im Wald ein Nachtmahr?

Foto: Na Ma De-Fotografie

Geisterflecke oder Staubkörner

Orbs werden die kreisrunden Flecke auf Bildern genannt, die auf mit einer digitalen Kamera aufgenommenen Bildern ab und zu zu sehen sind. Diese sogenannten Orbs gibt es in unterschiedlichen Farben, von weiß bis lila und oft mit seltsam unerklärlichen Mustern. Es gibt verschiedenen Erklärungen, wie dieses Phänomen entsteht. Die Wissenschaft ist der Meinung, dass es sich hier um Staubkörnchen handelt, die vom Blitzlicht oder anderen Lichtern reflektiert werden, und so als helle, runde Flecken erscheinen.

Die Mythologie sieht diese Flecken als eine übernatürliche Erscheinung an, Grund dafür ist, dass die Orbs oft gesehen werden können, wenn man durch die Digitalkamera schaut und man diese fokussiert. Da fliegen sie teilweise nicht, wie es bei Staub langsam oder schneller vom Wind getrieben, sondern einige flitzen durchs Bild, andere stehen gleichzeitig auf derselben Stelle. Es gibt Vermutungen, dass es sich hier um ruhelose arme Seelen handelt, da diese oft bei alten Häusern, Burgen oder auch Friedhöfen vermehrt auftreten.

Andere sind der Meinung, dass es sich um Engel handelt, die auf der Erde sind, um auf die Lebewesen hier zu achten oder ihre Anliegen an Gott weiterzutragen.

Foto: Arek Czaja

Seltsame Gestalt bei Rabenstein

Ein junger Mann traf sich abends mit seinen Freunden in Rabenstein, um ein wenig zu feiern. Dort übernachtete er auch, da die Feier bis weit in die Nacht dauerte. Am Morgen fuhr er dann mit seinem Mofa wieder zurück nach Zwiesel. Kurz nach Rabenstein fuhr er an einem Waldstück vorbei, da sah er im Augenwinkel, dass seitlich im Wald etwas neben ihm herlief. Als er dann dorthin sah, traute er seinen Augen nicht, es war eine schwarze Gestalt, gute zwei Meter groß, komplett behaart und hatte nach unten stehende Hörner am Kopf. Da er sein Mofa frisiert hatte, ging es schneller als die erlaubten 25 km/h, so war er sich sicher, dass dies kein Scherz eines Menschen gewesen sein konnte, da so schnell kein Mensch laufen konnte. Da er es mit der Angst zu tun bekam, gab er Vollgas, aber das Wesen hielt seine Geschwindigkeit mit. Erst kurz bevor das Waldstück endete, drehte das seltsame Wesen in den Wald ab und verschwand aus seinem Blickfeld. Der junge Mann kann sich bis heute nicht erklären, was er damals gesehen hatte.

War es eine Sagengestalt aus längst vergangener Zeit? Früher gab es Berichte von Berggeistern, die sich im Böhmerwald herumtreiben, wie zum Beispiel den bekannten Rübezahl. Dieser wurde in den ersten Berichten, nicht wie heute aus den Märchenbüchern bekannt, als großer Mann mit Bart dargestellt, sondern als Gestalt, die einem Teufel ähnelte. Er hatte Hufe, einen Schweif und Hörner auf dem Kopf. Sah dieser junge Mann einen dieser uralten Berggeister?

Foto: Frank Gesink

Fünf Euro für den Onkel

Eine Frau hatte einen seltsamen Traum: Ihr verstorbener Onkel erscheint ihr und sagt zu ihr, dass sie ihm fünf Euro geben soll. Sollte sie ihm das Geld verweigern, nimmt er ihr Kind mit, war seine Drohung.

Im Traum schaute die Frau in ihren Geldbeutel und sah, dass sie nur noch vier Euro hatte. Sie sagte zu ihrem Onkel, dass sie leider keine fünf Euro mehr dabei habe, sondern ihm nur vier Euro geben könnte. Der Onkel beharrte aber auf seinen fünf Euro.

Da wurde die Frau im Traum panisch und wachte schweißgebadet auf. Voller Angst lief sie zu ihrem Kind, um zu schauen, ob alles in Ordnung war. Da bemerkte sie, dass die Decke über das Gesicht des kleinen Kindes gezogen war und das Kind schon Probleme beim Atmen hatte, da es schon sehr schwer Luft holte.

Wenn sie nicht aufgestanden wäre, um nach dem Kind zu schauen, wäre es wohl in dieser Nacht erstickt.

Rettete der Onkel mit diesem Traum das Kind oder wollte er es ersticken, da er im Traum seine fünf Euro nicht bekam?

Armprothese

Ein Mann aus Cham wurde im Ersten Weltkrieg so schwer am Arm verletzt, dass ihm dieser teilweise amputiert werden musste. Damit er wenigstens etwas festhalten und so bestimmte Tätigkeiten ausüben konnte, bekam er eine Armprothese.

Als der Mann alt war, sagte er immer zu seinen Nachkommen, dass sie ihn ja nicht ohne die Armprothese beerdigen sollten, weil er sie ja brauche. Jedes Mal, wenn er damit anfing, mussten sie ihm versprechen, dass sie die Prothese mit ins Grab legen würden.

Als der alte Mann dann aber starb, dachte keiner mehr an dieses Versprechen, die Totengräber beerdigten den Mann ohne die Prothese. Diese gaben sie nach der Beerdigung seiner Tochter.

Schon in der ersten Nacht nach der Beerdigung wachte die Tochter des alten Mannes mitten in der Nacht auf, da sie jemanden hörte, der durch ihr Haus ging. Als sie nachschaute, konnte sie niemanden sehen, die Schritte hörte sie aber ganz deutlich. Es hörte sich an wie der Gang ihres verstorbenen Vaters.

Da fiel ihr das Versprechen ein, das sie ihm mehrmals hatte geben müssen. Waizt der Vater bei ihr zu Haus, da er ohne die Prothese keine Ruhe findet, kam ihr in den Sinn. Ist jetzt sowieso zu spät, der Vater ist schon unter der Erde, dachte sie weiter.

In den darauffolgenden Nächten wiederholte sich der Vorfall. Immer wieder erwachte die Frau, da sie Schritte hörte.

Dies ging so lange, bis die Frau eines Nachts wieder aufkam, die Prothese nahm und zum Grab ihres Vaters am Friedhof ging. Dort grub sie ein etwa einen halben Meter tiefes Loch und legte die Prothese hinein.

Danach war der Spuk bei ihr zu Hause beendet. Sie war sich sicher, dass ihr Vater nun Ruhe fand, da er seine Prothese im Grab hatte.

Der Birnbaum

Eine junge Frau war gerade in der Nähe von Prackenbach auf dem Heimweg, als sie an einem Birnenbaum vorbei kam. Dieser Baum gehörte zu einem Bauernhof, der etwas oberhalb des Weges lag. Im Gras unter dem Birnbaum lag eine überreife Birne, die Frau sah diese Birne und hob sie auf. Sie dachte sich, zum Verfaulen auf dem Boden ist diese zu schade und wollte abbeißen. Als sie die Birne gerade zum Mund führte, hörte sie einen garstigen Schrei aus der Richtung des Bauernhofes kommen: „He, los du meine Birn geh, wos foid dir an überhaupt ei!“ Es war der alte Bauer des Hofes. Erschrocken ließ die junge Frau dir Birne fallen und lief schnell weg.

Einige Jahre später kam die Frau wieder dieses Weges und dachte an das damalige Ereignis zurück. Der garstige alte Bauer, so hatte sie gehört, war im vergangenen Jahr verstorben. Als sie gerade beim Birnbaum vorbei kam, hing eine schöne reife Birne direkt neben dem Weg am Baum. Die, so dachte sie, pflücke ich mir jetzt, der Alte ist ja tot und die jungen Besitzer haben bestimmt nichts dagegen. Gedacht, getan, schon war die Birne in ihrer Hand und sie ging den Weg weiter. Doch gleich darauf wurde der Frau ganz schwindelig, wie wenn sie einen Schwächeanfall bekommen würde, da setzte sie sich in die Wiese neben dem Weg. Um sich zu stärken, wollte sie die Birne essen. Als sie gerade abbeißen wollte, hörte sie hinter ihr ein Geräusch. Sofort blickte die Frau um und erschrak fürchterlich. Da stand eine weiße, nebelhafte Gestalt hinter ihr, diese hatte das Gesicht des alten Bauern und starrte sie grimmig an. Vor lauter Angst ließ sie die Birne fallen, sprang auf und lief, so schnell sie konnte, davon. Seit diesem Tag mied sie den Weg.

Spielte hier das schlechte Gewissen der Frau einen Streich oder musste der garstige alte Bauer an diesem Ort für seine Geizigkeit immer noch umgehen?

Der Froschregen

Es war im Jahre 1944 in Schneiderhof in Böhmen, als ein sechs Jahre alter Junge an einem warmen Sommernachmittag draußen spielte. Plötzlich zog eine dunkle Wolke auf und gleich darauf gab es einen kurzen, aber starken Platzregen, der den Jungen von seinem Spielplatz vor ihrem großen Bauernhof flüchten ließ. Er lief zum Hauseingang, wo er vor dem Regen sicher war. Von dort aus beobachtete er den niederprasselnden Regen. Da sah er, dass sich im Regenwasser am Boden viele kleine, schwarze Lebewesen bewegten.

Der Regen war schnell wieder vorbei. Mit Erstaunen sah der Junge im Hofraum Hunderte etwa drei Zentimeter lange Frösche, alle schwarz und alle hüpften.

Auch die Straße war voll von diesen kleinen Hüpfern, es waren wohl Tausende.

Vor diesem Regen war nicht einer dieser Frösche zu sehen gewesen, jetzt war alles voll davon.

Er dachte sich, dass die Wolke – es war nur eine Wolke – die Frösche herabgeregnet haben musste. Wie aber kamen die Frösche in die Wolke?

Am nächsten Morgen waren die Frösche wie vom Erdboden verschluckt. Er konnte keinen Einzigen mehr finden, nicht mal einen toten Frosch. Wo waren sie geblieben?

Immer wieder gibt es solche Berichte, wo es kleine Frösche oder sogar Fische regnet. Dieses Phänomen ist bis heute mysteriös, es gibt aber Erklärungsansätze, dass etwa heftige Winde die Tiere erfassen und dann über große Entfernungen transportieren können.

Der Poltergeist

Am siebten Tag nach dem Tod seiner Frau schlief der Mann, als es plötzlich laut am Seitengestell seines Bettes klopfte. Tak, tak, Pause, tak, tak, genauso als ob ein Mensch fest aufs Holz klopft. Er war sehr erschrocken und bekam eine Gänsehaut.

Es klopfte etwa von zehn Uhr abends bis fünf Uhr morgens. In den folgenden Tagen war aber nichts mehr zu hören, es war wieder Ruhe im Schlafzimmer.

Am vierzehnten Tag wiederholte sich das Gepolter, nun hatte aber der Mann keine Angst mehr, da er wusste, wer der Verursacher war und schlief bald ein. Er war fest der Meinung, dass seine Frau dieses verursachte.

Gegen 3 Uhr morgens wachte er durch ein stärkeres und lauteres Klopfen wieder auf, er betete ein Vaterunser und sofort war das Klopfen verstummt.

Einige Tage später traf er eine Frau, die seine Frau in den letzten Tagen und Wochen vor ihrem Tod gepflegt hatte. Er erzählte ihr von dem Vorfall und sie sagte zu ihm: „Sie kommt wieder." Pflegekräfte erleben viel mit Sterbenden, sie wissen Bescheid.

In der sechsten Nacht nach der letzten Spuknacht wurde er um 3 Uhr morgens wach. Als er seine Augen öffnete, schwebte seine verstorbene Frau waagrecht über seinem Bett. Sie war hell erleuchtet und hatte einen angstvollen Gesichtsausdruck.

Durch die Pflegekraft war der Mann auf ihr Erscheinen vorbereitet und wusste, was er zu ihr sagen sollte. „Du bist verstorben, bist jetzt eine Seele, nur eine Seele kann in einen geschlossenen Raum eintreten. Wenn du einen Engel siehst, musst du mit ihm gehen, er geleitet dich ins Jenseits, wo du hingehörst", sagte er zu ihr.

Seine Frau antwortete ihm: „Ja, einen solchen Engel mit Flügeln habe ich schon gesehen." Danach löste sich ihre Gestalt in Luft auf und sie kam nie wieder.

Foto: Stephanie Leppert

Der Rollstuhl

Ein Ehepaar mietete sich ein Haus und zog auch dort ein. Beim Einräumen sahen die beiden, dass am Dachboden ein alter Rollstuhl in der Ecke stand. Da sie nicht genau wussten, wem dieser gehörte und er sie auch nicht weiter störte, ließen sie ihn dort stehen. Als sie schon ein paar Tage in diesem Haus wohnten, bemerkten sie eines Nachts Geräusche, die vom Dachboden zu kommen schienen. Es hörte sich an, als ob der Rollstuhl hin- und herfahren würde. Sie vermuteten, dass der Boden des Dachbodens schief war und so der Rollstuhl ins Rollen kam.

Als sie am nächsten Morgen auf den Dachboden gingen und nachschauen wollten, wohin der Rollstuhl gefahren war, waren sie erstaunt, denn dieser stand immer noch in derselben Ecke, er hatte sich nicht vom Fleck bewegt. Dies ging nun jeden Tag über Wochen hinweg so weiter. Kaum waren sie im Bett, hörten sie am Dachboden die Rollgeräusche. Jedes Mal, wenn sie nachschauten, hatte sich aber der Rollstuhl nicht bewegt. Beide konnten sich die Sache nicht erklären und waren sich sicher, dass es in ihrem Haus spukte.

Eines Nachts, als das Rollgeräusch wieder anfing, wurde der Mann wütend und sagte zu seiner Frau, dass er den Rollstuhl morgen früh gleich entsorgen werde.

Am nächsten Morgen wollte der Mann, immer noch mit der Wut im Bauch, auf den Dachboden gehen und den Rollstuhl auf dem Müll entsorgen. Aber zu seinem Erstaunen brachte er die Dachbodentüre nur einen kleinen Spalt breit auf, irgendetwas versperrte die Tür. Als er durch den kleinen Spalt schaute, was ihm da den Zugang versperrte, sah er, dass der Rollstuhl genau vor der Tür stand und diese blockierte. So sehr er auch versuchte, die Türe zu öffnen, sie ließ sich keinen Millimeter weiter aufdrücken. Nun wurde den beiden die Sache zu unheimlich und sie zogen wieder aus dem Haus aus.

Die Ratte

In den späten 60er Jahren des 20. Jahrhunderts hatte ein Mann einen schweren Unfall. Bei diesem wurde ihm der linke Unterschenkel zerquetscht. Im Krankenhaus wollte ihm der Arzt den Unterschenkel amputieren, aber der Mann weigerte sich, es zu erlauben. Der Arzt sagte ihm, dass der Unterschenkel voller Fremdkörper sei und er mit einer Infektion rechnen müsste, die tödlich enden könnte.

Einige Tage später wurde der Mann etwa um 5 Uhr morgens wach, konnte sich aber nicht bewegen. Seine Augen blieben verschlossen, seine Finger versagten trotz größter Anstrengung. Nur denken konnte er ohne Einschränkung.

Ihm wurde bewusst, dass er einen Starrkrampf hatte. Nicht einmal seinen Atem konnte er spüren oder hören. Wenn die Krankenschwestern kommen, würden sie ihn ins Todeszimmer schaffen und für tot erklären. Danach würde er lebendig begraben werden, so dachte er. Er machte sich heftige Vorwürfe, nicht auf den Rat des Arztes gehört zu haben, dies sei jetzt seine eigene Schuld. Wer nicht hören will, muss fühlen, dachte er sich.

Endlich, nach ewig langen Minuten, konnte er sich wieder bewegen, der Krampf ließ nach. Zwei Wochen später wiederholte sich dieser Anfall. Er hatte aber nun weniger Angst, da er wusste, es dauert nur kurze Zeit.

Die Zeitabstände von Anfall zu Anfall wurden immer länger und das Bein war nach vier Monaten wieder gut verheilt und er konnte das Krankenhaus verlassen.

Als der Mann die erste Nacht zu Hause in seinem Bett schlief, hörte er das Nagen einer Ratte vom Getreidespeicher zu seinem Schlafzimmer. Auch wenn der Mann mit dem Fuß stampfte, ließ sich die Ratte kaum stören. Die Nagerei dauerte nun schon drei Nächte. In der dritten

Nacht wurde der Mann um etwa vier Uhr morgens wach und hatte wieder diesen Starrkrampfanfall, welcher auch der Letzte sein sollte.

Das Nagen der Ratte war mittlerweile laut, sie hatte sich schon zu seinem Schlafzimmer durchgebissen.

Der Mann hörte wie die Ratte aus ihrem Loch, ungefähr 20 Zentimeter über dem Fußboden, runterhüpfte. Sie war nur noch etwa eineinhalb Meter von seiner Frau entfernt, die Ratte hätte nur hochzuhüpfen brauchen und wäre bei seiner Frau gewesen. Aber die Ratte lief die sechs Meter um das Ehebett herum und hüpfte auf das Bett, genau dort, wo das Gesicht des Mannes war.

Es war stockdunkel, der Mann konnte nichts sehen, aber alles deutlich hören. Er lag auf der Seite und konnte sich nicht bewegen, um die Ratte zu verjagen.

Da biss ihm die Ratte ins Genick. Er spürte, wie ihm das warme Blut herunterrann und die Ratte biss sich immer weiter und tiefer ins Fleisch.

Endlich konnte er sich wieder bewegen, da verschwand die Ratte so schnell, wie sie gekommen war.

Eine blutige Wunde im schmerzenden Nacken und ein blutiges Kopfkissen waren das Ergebnis.

Nach diesem Vorfall kam die Ratte nie mehr zurück.

Dem Mann kam nun diese Sache seltsam vor, warum wurde die Ratte genau da mit ihrem Loch fertig, als bei ihm die Starre einsetzte? Warum machte sich die Ratte die Mühe, ein Loch ins Schlafzimmer zu nagen, wo dort nichts Fressbares war und warum kam diese zu ihm, wenn seine Frau näher war?

Einige Zeit später traf der Mann einen Bekannten der sich mit dem Übernatürlichen auskannte und er erzählte ihm diesen Vorfall. Der Bekannte sagte ihm, dass sich Dämonen gelegentlich Ratten bedienen, um Schaden anzurichten. Die Ratte wurde von diesen geführt und sie sollte ihn außer Gefecht setzen und das Genick mit den Nervensträngen ist ein guter Angriffspunkt, sagte er ihm.

Entdeckte Schwammerl

Wenn Schammerlsucher einmal einen Schwammer gesehen haben, soll dieser sofort das Wachstum einstellen. Oft sind schon Schwammerlsucher im Wald unterwegs gewesen und haben einen sehr schönen kleinen Schwammer gefunden, sie dachten sich nun, der ist gut versteckt, den findet sonst keiner und lassen ihn stehen. In der Annahme, dass dieser in den nächsten Tagen noch wachsen wird und sie dann wieder kommen würden um einen stattlichen schönen Schwammer nach Haus zu tragen. Aber als sie dann ein paar Tage später wieder kamen, stand der Schwammer immer noch genau so klein an dem Ort, wo sie ihn zurück gelassen hatten. So entstand die Sage, dass Schwammerl, die einmal entdeckt wurden, zu wachsen aufhören.

Es waihazt

Eine Frau lebt mit ihrem Sohn in einem Haus in der Nähe von Langdorf. Seit einiger Zeit spielt sich dort etwas Eigenartiges ab. Zuerst hörte die Frau immer wieder, dass jemand an der Türe klopft, auch Schritte, die von der Türe ins Innere des Hauses gingen, aber sie konnte niemanden sehen. Danach wurde sie in der Nacht von fürchterlichen Schreien geweckt, wie wenn jemand einer Frau etwas zu Leide täte, es war aber niemand zu sehen. Am schlimmsten waren die Schreie im Schlafzimmer, so dass die Frau nicht mehr dort schlafen wollte und sie im Wohnzimmer nächtigte. Aber nach einiger Zeit waren auch dort die Schreie zu hören. Zuerst sagte ihr Sohn, dass sie sich das alles nur einbilde, aber nach einiger Zeit konnte er ebenfalls dieses Klopfen und Schreien hören.

Es wurde mit der Zeit immer schlimmer, sie hörten Geräusche, wie wenn Körper aufeinanderprallten, wie wenn Menschen raufen würden, lautes Gerede, wie wenn jemand streiten würde, aber verstehen konnten sie die Worte nicht. Danach kam metallisches Reiben dazu, sie sahen Umrisse, die als Schatten durch die Wohnung gingen. Alles wurde so schlimm, dass keine Ruhe mehr ins Haus einkehrte.

Sie probierten Weihrauch und Weihwasser, was aber nicht half. Nach einiger Zeit erzählten sie einer Bekannten, dass es bei ihnen waihazt. Diese wusste jemanden, der sich mit solchen Dingen auskennt.

Dieser Mann kam und sagte ihnen, dass sich in ihrem Haus mehrere Geister von Männern und Frauen befinden. Angeblich wurde vor 120 bis 150 Jahren eine Frau in diesem Haus vergewaltigt, die sich danach das Leben nahm. Die Geräusche des Raufens schrieb er der Vergewaltigung zu und die Schreie der Frau, die sich das Leben nahm. Der Mann sagte, er könne die Geister durch ein Tor in die andere Welt verbannen und das Tor schließen. Dies hat er dann auch mit einer Zeremonie gemacht.

Als die beiden dann den Mann fragten, wieso diese Waihazt erst seit einiger Zeit auftritt, konnte er es ihnen nicht genau sagen. Aber die Welt verändert sich momentan zum Bösen. Jeder ist neidisch, bösartig auf den anderen und egoistisch, so dass das Böse auf Erden wieder mehr Macht bekommt und solche Phänomene wieder mehr werden.

Danach kehrte für einige Zeit Ruhe ein, bis dann der Spuk wieder losging. Diesmal waren es nur zwei Geister, die sich bemerkbar machten. Als sie den Mann wieder kommen ließen, der sich mit solchen unerklärlichen Sachen auskennt, sagte er ihnen, dass etwas mit dem Holzrosenkranz nicht stimmt, den sie im Haus hatten, sie sollten diesen besser verbrennen.

An dem Tag, als sie den Rosenkranz verbrannten, war es die ganze Zeit windstill gewesen, als der Rosenkranz aber zu brennen anfing, kam ein Wind auf, der vom Haus Richtung Wald zog und so stark war, dass sich die Bäume bogen. Die Katze, die gerade im Haus war, bekam von jemand nicht Sichtbarem einen Tritt, dass sie durch den Hausgang flog.

Etwas Böses ist im Haus

Eine Familie kaufte sich ein neugebautes Haus. Nachdem sie eingezogen waren, luden sie ihre Freunde ein, um ihnen das Haus zu zeigen und ein wenig zu feiern. Sie saßen im Wohn- und Esszimmer auf einem großen Sofa zusammen, wo eine Treppe in den oberen Stock führte. Auf einmal schauten alle zur Treppe, weil sie hörten, wie jemand mit schweren Schuhen die Treppe herunterging. Komischerweise konnten sie aber niemanden sehen. Es war auch keiner mehr im oberen Stockwerk, der heruntergehen konnte, aber die Schritte waren deutlich zu hören.

Diese Schritte konnte die Familie fast täglich hören und sie konnten beim besten Willen nicht herausfinden, was dies verursachte. Auch gingen im oberen Stockwerk die Türen von selber auf und blieben offen stehen, obwohl diese vorher geschlossen oder gar zugesperrt waren. Das Haus hatte unter dem Dach einen Spitzboden, auf den man mittels einer Speichertreppe gelangte. Als die Frau einmal dort hinaufgehen wollte, zog etwas Schleierhaftes an ihr vorbei und verschwand in einer alten Truhe, wo sie Bilder aufbewahrten. Vor lauter Schreck wäre sie fast die Speichertreppe rückwärts runtergefallen.

Der Radio ging immer wieder von selber an, ohne dass jemand in der Nähe gewesen wäre und unter der Kellertreppe hörten sie oft ein bedrohliches Fauchen, so dass keiner mehr in den Keller gehen wollte. Erst als die Frau ein geweihtes Kreuz in den Keller hing, war das Fauchen dort verschwunden. Einmal kam ein Bekannter zu Besuch, der nichts von den Vorfällen wusste. Er ging nur ein paar Schritte ins Haus und sagte dann: „Ich kann nicht bleiben, es ist etwas Böses im Haus“.

Sie ließen das Haus mehrmals ausweihen und ausräuchern, aber dies hatte keine Wirkung, so dass sie zu dem Entschluss kamen, sich woanders eine Bleibe zu suchen und das Haus wieder verkauften. So kam es dann auch und im neuen Heim war alles, wie es sein sollte.

Feurige Männchen

Ein Mann war in der Nacht noch zu Fuß unterwegs, er wollte zur Ortschaft Egg bei Deggendorf. Um diese zu erreichen, musste er durch ein Waldstück gehen. Im Wald war es stockdunkel, doch sah er in der Ferne, mitten im Wald, kleine Flämmchen tanzen. Da er sehr neugierig war, schlich er in diese Richtung und wollte sich das Spektakel genauer ansehen. Als er den Ort erreichte, wo diese Flämmchen waren, sah er, dass es kleine feurige Männchen waren, die dort im Kreis tanzten. Plötzlich bemerkte ihn eines dieser Männchen und sagte zu ihm: „Der Tag gehört euch Menschen, aber die Nacht gehört uns.“

Erschreckt über diese übernatürlichen Gestalten lief er, so schnell es ging, weg. Mit vor Schrecken zitternden Gliedern und kreidebleich kam er in Egg an. Nie wieder betrat er dieses Waldstück in der Nacht.

Der Autor auf Recherche zu seinen Geschichten

Frau sieht ihren Tod voraus

Eine Familie aus Regensburg saß eines Abends am Küchentisch zusammen, als es dreimal hintereinander ans Fenster klopfte. Als sie hinaussahen, stand dort aber niemand. Da brach eine der Töchter in Tränen aus und sagte, dass sie nicht in die Sommerfrische nach München-Solln fahren wolle, das würde ihren Tod bedeuten. Die restlichen Familienmitglieder taten das aber als Unsinn ab, und da alles schon organisiert war, musste die Tochter fahren.

Nachdem sie einige Zeit dort verbracht hatte, bekam die junge Frau starke Bauchschmerzen. Da gerade eine Typhusepidemie herrschte, wurde sie auf dieses Krankheitsbild behandelt. Nach kurzer Zeit verstarb die junge Frau. Es stellte sich heraus, dass sie eine Blinddarmentzündung hatte, die nicht erkannt worden war.

Wäre die junge Frau in Regensburg geblieben, hätten die Ärzte sie wohl nicht falsch diagnostiziert, da dort zu dieser Zeit kein Typhus herrschte und die Frau hätte nach einer Blinddarmoperation weiter leben können.

Geist eines Mädchens

Im Lamer Winkel gab es bis vor einigen Jahren eine Disco namens Quattro, um die sich viele Spukgeschichten ranken. Eine davon ist, dass dort der Geist eines jungen Mädchens umgehen soll. Sie soll dort ums Leben gekommen sein und immer noch dort umgehen. Es gibt Berichte, dass diese Geistererscheinung oftmals innen vorm Fenster stehen und rausschauen soll.

Eine junge Frau wollte der Sache auf den Grund gehen und fuhr zu dem Gebäude. Als sie in der Nacht dort ankam, sah sie tatsächlich den

Schatten eines Mädchens im Fenster. Ängstlich fuhr die junge Frau davon.

Am nächsten Tag erzählte sie ihren Freunden von dem seltsamen Vorfall. Die Freunde nahmen sich daraufhin gleich vor, die Sache selbst zu erkunden. So fuhren in der darauffolgenden Nacht zwei Männer und eine Frau zu der ehemaligen Disco.

Dort stiegen die beiden Männer aus und näherten sich dem besagten Fenster. Als sie kurz vor dem Fenster waren, zersprang es und ein markerschütternder Schrei kam aus dem Inneren des Gebäudes.

Voller Panik liefen die Männer zurück zum Auto, wo ihre Bekannte wartete. Panisch drängten sie die Frau, sofort das Auto wegzufahren. Doch als den Autoschlüssel umdrehte, machte das Auto keinen Mucks. Erst nach zehn Minuten ließ sich das Auto wieder starten.

Geist im Haus

Ein Mann und eine Frau leben in Lederdorn in einem Haus, das irgendwann um 1800 erbaut worden war. In dem Haus hatten schon viele Menschen gelebt und viele waren dort auch gestorben. Sogar einige Bilder gibt es, auf denen man die Verstorbenen aufgebahrt im Haus sieht. Die Böden sind aus Holz und knarren, wenn man darüber geht. Es kommt auch öfter vor, dass man das Knarren von Schritten aus Zimmern hört, in denen sich kein Mensch aufhält. Als würde etwas Unsichtbares durchs Haus gehen.

Wenn die Frau im Badezimmer ist, dreht sie den Radio in der Küche lauter, damit sie die Uhrzeit, die der Sprecher sagt, im Bad auch hört. Als sie eines Tages wieder im Bad ist, verstummt der Radio plötzlich. Sie geht zurück zur Küche und schaut nach, was los ist. Ihr erster Gedanke ist, dass es wohl ein Kontaktfehler des Lautstärkereglers ist.

Aber als sie den Regler bewegt, merkt sie, dass er ganz zurückgedreht ist. Es ist aber keiner außer ihr im Haus, der die Lautstärke zurückgedreht haben könnte. Als sie sich nach dem Bad zum Frühstücken an den Küchentisch setzt, wird plötzlich die Lautstärke leiser, dann wieder lauter und wieder leiser. Sie wundert sich, was nun schon wieder los sei und geht zum Radio. Dort angekommen, spürt sie einen Luftzug vom Radio weg, der an ihrem Ohr vorbei zieht.

Geist zersprengt die Kette

Ein Mann aus dem Chamer Landkreis ist vor einigen Jahren mit dem Motorrad tödlich verunglückt. Ein paar Freunde von ihm sitzen einige Tage, nachdem er gestorben ist, in einem Partykeller nahe Wilting zusammen und reden über ihren Freund.

Im Partyraum selber hat der Besitzer auch seine Angelsachen aufbewahrt, die Ruten stehen an der Wand und werden von einer Kette gehalten.

Als sie gerade darüber reden, wie schön es wäre, wenn ihr verunglückter Freund jetzt da wäre und sie sich unterhalten könnten, kommt eine Frau auf die Idee, eine Geisterbeschwörung zu machen. Einige der Anwesenden glauben, dass so etwas funktionieren könnte, andere sind skeptisch und glauben eher nicht daran.

Nach einiger Zeit kommen sie auf das Glaslrucka zu sprechen, was eigentlich, so glauben sie, sehr einfach zu machen sei. Gesagt, getan. Sie holen ein Glas, Papier und Weihwasser und fangen an, den Tisch vorzubereiten.

Als alles hergerichtet ist, legt jeder einen Finger aufs Glas und eine Frau ruft den Geist des verstorbenen Freundes. Siehe da, das Glas fängt an, sich zu bewegen.

Vor lauter Schreck nimmt eine ihren Finger weg und sagt: „So ein Schmarrn“, da nehmen alle die Finger weg, jedoch das Glas fährt alleine weiter. Panisch packt einer das Glas, dreht es um und schüttet das Weihwasser hinein.

Augenblicklich gab es einen großen Knall, die Kette, die die Angelruten gehalten hat, zerreißt und die Ruten fallen zu Boden. Alle Schnapsflaschen, die in der Bar stehen, platzen nacheinander. Der Besitzer des Partyraums schreit: „Schnell, alle raus hier!“

Als alle aus dem Zimmer rennen und die Türe hinter sich zuschlagen, ist der Spuk plötzlich vorbei. Nach einigen Augenblicken, als sich die Gruppe von dem Schrecken erholt hat, öffnen sie vorsichtig die Türe. Der ganze Boden ist mit Glasscherben und ausgelaufenem Schnaps bedeckt. Da nun nichts Außergewöhnliches mehr passiert, gehen alle in den Partyraum zurück und helfen beim Saubermachen. Irgendwann sind sie fast überzeugt, dass vielleicht genau da zufällig die Kette gerissen ist, als sie die Finger vom Glas genommen haben und die Ruten haben dann vielleicht die Schnapsflaschen im Fallen mitgerissen.

Nach einiger Zeit verabschieden sich alle. Der Hausbesitzer legt sich ins Bett und will nur noch schlafen. Doch in dieser Nacht soll er dazu nicht kommen. Obwohl er alleine im Haus ist, hört er doch die ganze Nacht Schritte, als ob jemand durchs Haus geht, ein Klopfen, als ob jemand gegen die Wände schlägt und mehrere Male ein Atmen, als ob jemand bei ihm im Schlafzimmer ist. Es ist eine schlimme Nacht für den Mann.

Sofort bei Tagesanbruch macht er sich auf den Weg zur Kirche und erzählt dem Pfarrer, war sie gemacht haben und was die ganze Nacht bei ihm los war. Als der Pfarrer das hört, schimpft er ihn: „Du warst doch Ministrant, was machst du auch so einen Scheiß!“ Der Pfarrer begleitet den Mann und weiht sein Haus aus. Danach ist der Spuk vorbei und es bleibt ruhig.

Geist der Großmutter rettet ihren Enkel

Vor vielen Jahren, in den 40er Jahren des 20. Jahrhunderts, brach die Diphterie in dem böhmischen Dorf Schneiderhof aus. Alle Kleinkinder waren davon betroffen. So trug es sich zu, dass eine Mutter am Bett ihres einjährigen Kindes wachte, das ebenfalls unter dieser Krankheit litt.

Plötzlich, mitten in der Nacht, beobachtete die Mutter Seltsames. Die vor einigen Jahren verstorbene Großmutter erschien und setzte sich auf das Krankenlager und umarmte ihren fiebernden Enkel.

Die Mutter verstand die Geste sofort: Die Großmutter wollte ihren Enkel abholen und ihn auf seinem letzten Weg begleiten.

Sofort kleidete sich die Mutter an und machte sich auf den etwa 24 Kilometer langen Fußweg nach Domazlice, damals zu Deutsch Taus genannt. Denn die Mutter hatte einige Tage zuvor erfahren, dass es dort einen Arzt gab, der ein von den Amerikanern erfundenes Heilmittel erhalten hatte, Penizillin. Dort angekommen, schilderte sie dem Arzt den Zustand ihres Sohnes und der gab ihr das Penizillin mit.

Dies war die Rettung für den kleinen Jungen. Er war das einzige Kind, das in diesem Dorf diese Krankheit überlebte. Alle anderen infizierten Kinder starben.

Geist im Bad

Eine junge Frau wollte eines Abends ins Bad gehen, um zu duschen, da erschrak sie fürchterlich. In der Ecke stand ein Geist. Eine alte Frau mit langen grauen Haaren war schemenhaft zu erkennen. Vor Schreck lief die junge Frau aus dem Bad. Als sie vor der Tür stand, dachte sie sich, dass sie sich wahrscheinlich getäuscht hatte und öffnete die Badtür wieder langsam. Vorsichtig schaute sie hinein, aber niemand war mehr zu sehen, also dachte sie, dass sie sich getäuscht hatte. Sie beschloss, es darauf zu schieben, dass ihr ihr Gehirn einen Streich gespielt hatte – wahrscheinlich, weil sie nach dem langen Arbeitstag wirklich müde war.

Am nächsten Abend hatte sie den Vorfall schon verdrängt. Als sie wieder ins Bad ging, stand die alte Frau in der Ecke, wieder lief sie vor Schreck aus dem Bad und wieder war die Frau verschwunden, als sie wieder reinschaute.

Da bekam die Frau es mit der Angst zu tun und sie rief ihre Mutter an. Als sie ihr erzählte, wie die Geisterfrau aussah, sagte die Mutter: „Ach, das könnte Tante Anna sein, die ist jetzt erst ganz plötzlich verstorben.“ Aber was Tante Anna von der jungen Frau wollte, darauf hatte sie auch keine Antwort. „Frag sie einfach, was sie will“, gab sie ihr als Ratschlag.

Nach dem Telefonat ging die junge Frau ins Bad und siehe da, der Geist stand wieder in der Ecke. Diesmal ging aber die junge Frau nicht mehr aus dem Bad, sondern sagte: „Entschuldige, Tante Anna, dass ich dich jetzt erst erkenne – wir sind alle traurig, dass du nicht mehr bei uns bist. Du warst sehr beliebt und wir denken gern an dich.“

Da lächelte die Geisterfrau und verschwand.

Geist steht vor dem Bett

Eine junge Frau hatte eine Freundin, die sehr empfindlich für das Übernatürliche war. Eines Tages gab es einen Brand im Haus der Freundin. Die Frau bot ihr an, einige Zeit bei ihr zu wohnen, bis alles wieder renoviert war. Die Freundin nahm das Angebot gerne an und so wohnten sie einige Zeit zusammen. Da die Wohnung der Frau sehr klein war, schliefen sie sogar in einem Bett. Eines Morgens sagte die Freundin zu der Frau: Heute Nacht stand ein alter Mann vor unserem Bett, du brauchst dir aber keine Sorgen machen, er will dir nichts Böses. Die Frau war sehr verdutzt und fragte die Freundin, wie dieser ins Haus gekommen sein sollte. Da sagte ihr die Freundin, dass dies ein Geist war, der keine offenen Türen brauche und betonte nochmals, dass sie sich keine Sorgen machen soll, da ihr der Geist nichts Böses wolle. Da die Frau schon vorher wusste, dass ihre Freundin öfter solche Erscheinungen hatte, glaubte sie ihr. Den ganzen Tag dachte die Frau nach, wer wohl der Geist sein könnte, da fiel ihr nur der Großvater ein, der in dem Haus gewohnt und auch dort gestorben war. Am Abend suchte sie nach alten Bildern ihres Großvaters, die sie der Freundin zeigen wollte. Da sie aber die Freundin auf die Probe stellen wollte, nahm sie zwei weitere Bilder mit, eines von dem Bruder des Großvaters und eines von einem ihr unbekannten Mann. Alle drei Bilder legte sie der Freundin am Abend vor und fragte sie, ob der alte Mann, der vor ihrem Bett gestanden hatte, einer der Männer sein könnte. Die Freundin deutete ohne lang zu überlegen auf das Bild des Großvaters. Da war sich die Frau sicher, dass der Geist ihr Großvater war, der sie ab und zu besuchte. Die Freundin konnte nicht wissen, wer ihr Großvater war, da sie den zu Lebzeiten noch nie gesehen hatte und auch keine Bilder von ihm in der Wohnung hingen.

Geister im Wintergarten

Eine junge Familie kaufte sich in der Nähe von Falkenstein ein Baugrundstück und baute sich dort ein Haus. An das Haus wurde eine Terrasse mit Wintergarten gebaut, den sich die Ehefrau gewünscht hatte, um dort zu lesen. Als die Familie dann in dieses Haus zog, fühlten sie sich sehr wohl, nur im Wintergarten hatte die Ehefrau immer ein beklemmendes Gefühl. Ihr kam es vor, als würde sie immer wieder, aus den Augenwinkeln heraus, schwarze Schatten durch den Wintergarten gehen sehen. Auch wurde es immer kühler, wenn diese Schatten auftraten. Die Frau glaubte sich das alles einzubilden, da ihr Mann diese Schatten nicht sehen konnte und sich im Wintergarten sehr wohl fühlte.

Eines Tages kam sie mit einem alten Mann ins Gespräch, der in der Nachbarschaft wohnte. Er fragte sie, wie ihnen der neue Wohnort gefällt und ob sie sich schon in der neuen Heimat eingelebt hatten. Sie erzählte ihm, dass es ihnen sehr gut hier gefalle und sie sehr zufrieden waren. Nur im Wintergarten habe sie immer so ein beklemmendes Gefühl, erzählte sie ihm. Als er dann genauer nachfragte, wie sie das meine, erzählte sie ihm von den vorbeiziehenden Schatten, die sie immer zu sehen glaubte.

Da erzählte ihr der alte Mann, dass genau dort, wo ihr Wintergarten jetzt steht, ein Weg vorbeigegangen war, bevor der Grund zum Baugebiet erklärt wurde. Der Weg führte früher von der Ortschaft zum Friedhof, hier wurden die Toten zum Friedhof gebracht. Vielleicht, so meinte er, seien es die armen Seelen der Verstorbenen, die diesen Weg immer wieder gehen müssen. Da dieser ehemalige Weg jetzt durch den Wintergarten geht, müssen sie diesen jetzt vielleicht durchqueren.

Geisterhaus

Eine junge Frau zog zu ihrem Lebensfährten ins Haus. Da sie immer sehr fror, hatte ihr Freund immer den ganzen Tag den Holzofen eingeheizt. Mit der Zeit fiel ihnen auf, dass die Temperatur merklich zu fallen schien, wenn die junge Frau das Haus betrat. Erst nach zwei Stunden wurde die Temperatur wieder erträglich, obwohl vorher schon genau so geheizt wurde. Da waren sich beide sicher, dass sie noch weitere Hausbewohner hatten, Geister, die anscheinend nicht mit der Lebensgefährtin des Hausbesitzers klar kamen.

Eines Tages, als die junge Frau gerade heim kam und noch allein in der Wohnung war, fiel die Temperatur wieder. Da stellte sie sich in den Flur und begann laut zu sprechen, in der Hoffnung, dass ihr die Geister zuhörten. Sie sagte, dass sie es mit ihrem Freund ehrlich meinte und dass sie auch mit den Geistern im Haus kein Problem habe. Sie bat die Geister, ihr eine Chance zu geben. Plötzlich hörte sie ein lautes Ja und im Haus wurde es sofort wieder wärmer. Die Geister schienen sie akzeptiert zu haben, da es ab diesem Zeitpunkt nie wieder von selbst kälter wurde.

Zwei Monate später bekamen die beiden Besuch von einem Familienmitglied der Frau, von dem sie aber keine guten Absichten vermutete. Da wollte sie die Geister testen, was sie von dem Besucher hielten, so heizte sie vor dem Besuch den Ofen an, so dass das Haus schön warm war. Der Besuch kam und sie tranken Kaffee, doch es wurde von Minute zu Minute kälter, obwohl der Ofen brannte. Sie mussten sich sogar Pullis holen, da die Kälte so unangenehm war. Der Besuch war sichtlich beunruhigt, er konnte nicht still sitzen und sah sich dauernd über die Schulter, wie wenn er glaubte, beobachtet zu werden. Er sagte auch, dass er immer einen Luftzug spürte, die beiden Hausbewohner fühlten nichts dergleichen. Da er sich augenscheinlich nicht wohl fühlte, verließ er bald darauf das Haus. Als er gegangen war, stieg die Temperatur und die beiden konnten wieder im T-Shirt herumlaufen.

Einige Zeit später erzählte der Mann seiner Freundin, dass am Dachboden irgendwas seltsam ist, keiner wolle da raufgehen. Selbst der Schornsteinfeger stieg lieber über die Leiter von außen als dass er den leichteren Weg vom Dachboden durch die Dachluke aufs Dach nahm. Auch ein Elektriker, der mal aufs Dach musste, kehrte vom Dachboden zurück und stieg dann mit einer Leiter aufs Dach. Die Freundin wollte der Sache auf den Grund gehen und stieg auf die Leiter zum Dachboden. Ihr Freund hielt diese fest, damit sie einen sicheren Tritt hatte. Als sie dann die Luke etwa zehn Zentimeter weit geöffnet hatte, fing die kurze Leiter plötzlich wie wild zu wackeln an. Ihr Freund konnte sie nur noch solange mit Müh und Not halten, bis sie heruntergestiegen war. Seine Freundin fing daraufhin zu zittern an und konnte für etwa eine halbe Stunde nicht mehr anständig sprechen ohne zu stottern. Erst als sie eine geweihte Kerze anzündeten, verging das Zittern und Stottern. Wenige Tage später zündete sich die junge Frau ein Räucherstäbchen an, da krachte es auf einmal auf der Treppe, die ins Obergeschoss führte, von welchem man auf den Dachboden kommt. Als die Frau nachschaute, lag dort ein Haustürschlüssel, der seit vier Jahren verschwunden gewesen war.

Wenn es nun seitdem wieder seltsame Geräusche gibt oder Poltern vom Dachboden zu hören ist, zündet die Frau wieder die geweihte Kerze an und räuchert mit Weihrauch. Dann ist wieder für eine Zeitlang Ruhe, auf diese Weise hat sie den bösen Geist im Griff, ist sie der festen Meinung.

Die anderen Geister im Haus sieht sie eher als Beschützer an, die ihr zeigen, wenn etwas nicht in Ordnung ist oder die sich zeigen, wenn jemand zu Gast ist, der keine guten Absichten hat.

Ab und zu hört sie die Geister durchs Haus gehen. Hier ist sie der Meinung, dass sie nur nach dem Rechten schauen, ob alles in Ordnung ist.

Halskette der Großmutter

Eine alte Frau sagte immer zu ihrer Familie, besonders aber zu ihrer Enkelin, dass sie gern mit einer bestimmten Halskette beerdigt werden würde. Es wurde ihr auch immer versprochen, sollte der Tag kommen, dass sie den Wunsch in Erfüllung gehen lassen würden.

Als dann die alte Frau eines Tages starb, dachte über all dem Stress und den Formalitäten der Beerdigung keiner mehr an das gegebene Versprechen. So wurde die Verstorbene ohne ihre geliebte Halskette beerdigt.

In der Nacht nach der Beerdigung erschien der Enkelin die Großmutter, sie sagte ihr, dass sie sehr traurig war, dass ihr keiner die Kette umgehängt hatte. Die Enkelin war sich nicht sicher, ob es ein Traum war, da sie alles so real erlebte.

Am nächsten Tag beschloss die Enkelin zu ihrer Mutter zu fahren und ihr von ihrem Erlebnis der letzten Nacht zu erzählen. Da fiel der Mutter auch der Wunsch der Großmutter wieder ein und sie bekam ein sehr schlechtes Gewissen.

Am nächsten Tag darauf ließen sie das Grab nochmal öffnen und hängten der Großmutter die Kette um, so wie es ihr Wunsch war.

Holzschuhe

Eine Familie saß gerade in der Küche beim Essen zusammen, als es auf der Treppe, draußen im Flur, ein lautes Geräusch gab. Es hörte sich an, als wäre ein Holzschuh die Treppe runtergefallen. Als sie aber nachschauten, sahen sie niemanden und auch nichts, das runtergefallen sein könnte.

Als sie dann alle wieder am Tisch saßen, ging die Küchentüre auf, wie wenn sie aus dem Schloss gesprungen wäre. Die Familie war sich sicher, dass der Letzte, der sie zugemacht hatte, sie vielleicht nicht richtig ins Schloss gedrückt hat. Also machten sie die Türe wieder zu. Doch ein paar Minuten später sprang sie wieder auf. Da schauten sie nochmal nach, ob nicht doch jemand sich im Flur versteckt hatte und ihnen einen Streich spielte, aber sie fanden niemanden. So setzten sie sich wieder, diesmal schon mit einem mulmigen Gefühl, in die Küche. Kaum saßen sie, sprang die Türe wieder auf, ein drittes, aber diesmal letztes Mal. Keiner konnte sich das erklären, da die Türe einwandfrei im Schloss lag und keinen Millimeter verzogen war.

Kurze Zeit darauf bekamen sie die Nachricht, dass der Großvater verstorben sei. Der Todeszeitpunkt war genau da, als die seltsamen Vorfälle waren. Nun konnten sie sich auch das Geräusch eines herunterfallenden Holzschuhes erklären. Denn der Großvater hatte immer Holzschuhe gemacht und jedes Familienmitglied hatte welche von ihm.

Höllenhund am Arber

Es war eine sternenklare Nacht, die zwei junge Frauen auf die Idee brachte, gegen 1 Uhr vom Lamer Winkel Richtung Großer Arber zu fahren. Das Ziel sollte das Gasthaus Mooshütte sein, wo sich die beiden einen herrlichen Ausblick versprachen.

Aber ungefähr einen Kilometer vor der Abfahrt zur Mooshütte sahen sie ein großes Tier auf dem rechten Seitenstreifen. Es sah aus wie ein riesiger Hund, aber ohne Schweif. Das Fell war lang und zottelig, hellbraun mit dunklen Flecken. Es war so groß, dass es bis ans Fenster des Opel Corsa reichte. Die beiden Frauen waren etwas verwundert, weil sie so ein Tier noch nie gesehen hatten, dachten sich aber nicht viel dabei und fuhren weiter.

Kurz vor der Mooshütte kamen die beiden zu einer Straßensperre. Es hatte sich ein Unfall ereignet und die Straße war komplett gesperrt, so dass die beiden umkehren mussten.

Als sie wieder an der Stelle mit dem seltsamen Hund vorbei kamen, musste die Fahrerin abrupt bremsen, da das seltsame Tier mitten auf der Straße stand. Die beiden hatten große Angst vor dem Wesen, das ihnen den Weg versperrte, doch plötzlich war das Tier wie in Luft aufgelöst. Von einer Sekunde auf die andere verschwunden.

Die beiden können sich bis heute nicht erklären, was sie gesehen haben.

War es vielleicht ein sogenannter Höllenhund, seltsame mystische Hunde, die mit dem Tod oder dem Teufel in Verbindung gebracht werden? Diese werden meistens als schwarze Hunde beschrieben, aber es gibt auch Berichte, wo diese helleres Fell mit schwarzen Flecken haben, ähnlich einer Hyäne, aber ohne Schweif.

Irrlichter bei Sandhölzl

Zwei Frauen fuhren in der Nacht von Vilzing in Richtung Cham. Als sie in die Nähe der Abbiegung zur kleinen Ortschaft Sandhölzl kamen, fielen ihnen seltsame Lichtlein auf. Diese waren linkerhand der Straße, wo sich die Wiese und ein kleines Wäldchen befindet. Die Lichter schwebten etwas oberhalb des Bodens das Wäldchen entlang. Zuerst dachten sie, dass dort Menschen mit Taschenlampen unterwegs seien. Doch dann plötzlich sausten die Lichtlein mit einer übernatürlich großen Geschwindigkeit senkrecht in den Himmel und verschwanden spurlos. Die zwei Frauen waren sicher, dass dies Irrlichter waren, die sie beobachtet hatten, nichts Erklärbares von dieser Welt könnte so schnell senkrecht in die Luft fliegen.

Wieso waren die Irrlichter an diesem Ort? Wollten sie, wie schon in vielen alten Überlieferungen, auf irgendwas hindeuten, vielleicht einen Schatz oder eine in ungeweihter Erde verscharrte Leiche? Oder waren es nur sich an der Luft entzündete Faulgase, die durch einen Windstoß mit großer Geschwindigkeit nach oben geweht wurden und spurlos verbrannten?

Jemanden ins Haus geholt

Eine Gruppe Jugendlicher traf sich zum Glaslrucka, alle waren sehr gespannt, ob sie so tatsächlich einen Geist beschwören konnten. So fingen sie an, alles aufzubauen und das Glas umgedreht auf den Tisch zu stellen. Alle legten einen Finger auf das Glas und eine aus der Gruppe fragte: „Geist, bist du da?“

Tatsächlich, das Glas wanderte zu Ja. Sie stellten dem Geist einige Fragen, wie er hieß, woher er kam, wie er gestorben war und so weiter. Doch plötzlich gab es einen Knall, alle Glühbirnen in den Lampen waren explodiert, die Glassplitter flogen umher, verletzten aber glücklicherweise keinen. Vor lauter Panik, weil sich dies keiner erklären konnte, sprangen alle auf und wollten das Zimmer verlassen. Aber die Türe ließ sich nicht mehr öffnen. Erst nach einige Zeit und mehrmaligem Probieren ging die Tür plötzlich auf.

Vor lauter Angst verließen die meisten Jugendlichen das Haus, bis auf eine, welche mit ihrer Familie darin wohnte.

Seit jenem Tag passieren in dem Haus seltsame Dinge. Vom Dachboden sind deutlich Schritte zu hören, obwohl dort keiner ist. Wenn man durch den Gang geht, glaubt man, bei der Garderobe jemanden stehen zu sehen, der einen tief ins Gesicht gezogenen Hut auf hat. Auch sind ständig Klopfgeräusche zu hören, von denen keiner weiß, woher sie kommen. Die Familie hat diese seltsamen Klopfgeräusche auch schon auf Video aufgenommen, aber keiner kann sich erklären, was sie verursacht.

In der Nacht vor Silvester klopfte es laut und nachdrücklich an der Eingangstüre. Auf der Kamera war aber nicht zu sehen, dass jemand vor der Türe stand. Auch die Hunde schlugen an, trauten sich aber nicht zur Türe zu gehen. Was wurde hier beim Glasrucka beschworen? Wirklich nur ein Geist oder haben die Jugendlichen einen Dämon ins Haus geholt, welcher sie nun als Poltergeist terrorisiert?

Kinderleid

Eine Frau gebar im Jahre 1942 einen Sohn, die Mutter lag noch geschwächt im Wochenbett, als sie wegen dem Sohn nach einem Arzt rufen ließ. Ihr Sohn konnte einfach keine Nahrung bei sich behalten, kaum trank er die Muttermilch, pieselte er sie fünf Minuten später wieder aus, so wurde das Kind immer schwächer. Da alle guten Ärzte an der Front eingesetzt waren, war der gerufene Arzt überfordert und wusste nicht, an was es liegen konnte, dass das Kind die Nahrung nicht behielt.

Am selben Tag kam die Hebamme noch zu Besuch, um nach der Mutter und dem Kind zu schauen, da erzählte die Mutter ihr die Sorge um das Kind. Die Hebamme sagte tröstend: „Mach dir keine Sorgen, deinen Sohn bringen wir schon durch.“ Genau in diesem Augenblick begannen die Möbel im Haus zu zittern, die darin enthaltenen Gläser und Teller vibrierten, die Schubladen gingen von alleine auf.

Erschrocken sahen sich die Hebamme und die Mutter an, im selben Moment schloss der kleine Sohn seine Augen. Als die Hebamme gleich darauf in die Wiege schaute, sagte sie erschauernd: „Jetzt is da Bua gstorbn.“

Kleiner Junge fällt vom Klettergerüst

Eine Frau und ihre zwei Jahre alte Tochter sind zusammen zu Hause, der Ehemann ist in der Arbeit und der fünfjährige Sohn im Kindergarten. Während die Mutter im Wohnzimmer bügelt, spielt das kleine Mädchen. Plötzlich sagt die Tochter, dass ihr Bruder draußen auf der Terrasse steht. Verwundert sagt die Mutter, das dies nicht sein kann, da er ja im Kindergarten ist. Doch das Mädchen lässt nicht locker und so legt die Mutter das Bügeleisen weg und geht zur Terrassentür, um selbst nachzusehen.

Sie traut ihren Augen nicht, tatsächlich steht ihr kleiner Sohn draußen, aber als sie die Türe öffnet, sieht sie, wie er um die Ecke davon läuft.

Die Mutter weiß, dass ihr Sohn ein ziemlicher Lausbub ist und denkt sich, der ist sicher vom Kindergarten abgehauen und nach Haus gelaufen. Als die Mutter dann in den Garten geht und nachsehen will, wo er hin gelaufen ist, sieht sie ihn noch einmal im Gebüsch. Er lacht ihr zu und läuft weg. Da denkt sich die Mutter: „Warte noch, wenn ich dich erwische, dann hau ich dir das Kreuz ab.“

Genau in diesem Augenblick läutet es an der Haustüre. Die Mutter denkt, dass es vielleicht ihr Sohn ist, der ums Haus gelaufen ist und sie ärgern will.

Aber vor der Haustüre stehen die Polizei und die Kindergärtnerin, welche Tränen in den Augen hat. Ein Polizist sagt zu der Mutter, dass er eine schlimme Nachricht für sie hat. Ihr Sohn ist im Kindergarten vom Klettergerüst gefallen und hat sich das Genick gebrochen, er war auf der Stelle tot.

Hatte sich der Sohn noch einmal bei seiner Schwester und Mutter abgemeldet, bevor er diese Welt verlassen musste?

Klopfen in der Nacht

Eine Familie hatte sich einen alten Bauernhof gekauft und war dort eingezogen, nach und nach renovierten sie diesen. Eines Morgens fragte die Großmutter die restliche Familie, ob sie gut geschlafen hatten, sie selber war durch ein lautes Klopfen zwischen 1 und 2 Uhr geweckt worden. Der Rest der Familie hatte aber nichts dergleichen bemerkt und gut geschlafen. Da sich keiner die angeblich von der Großmutter gehörten Klopfgeräusche erklären konnte, geriet das Gespräch bald in Vergessenheit. Am Nachmittag kam eine Nachbarin mit der Nachricht, dass ein alter Mann, der weit über 80 Jahre alt war, in der besagten Nacht um 1 Uhr gestorben sei. Sofort dachten alle an die Klopfgeräusche, welche die Großmutter genau um die Zeit gehört hatte.

Hatte sich etwa der Mann bei ihnen angemeldet? dachten sie. Aber wieso? Sie kannten sich, aber nicht so gut, dass sich die Seele des Mannes in der Sterbestunde ausgerechnet bei ihnen anmelden würde.

In den nächsten beiden Nächten hörte die Großmutter aber wieder, genau zur gleichen Zeit, die Klopfgeräusche, danach war alles wieder ruhig.

Bei der Beerdigung des alten Mannes war auch die besagte Familie dabei, um ihm die letzte Ehre zu erweisen. Beim Seelengottesdienst wurde der Lebenslauf des Mannes kurz angerissen. Dort erfuhren sie, dass er auf ihrem Hof geboren wurde, keiner von ihnen hatte davon gewusst. Auch dass der Alte früher ein Schindelmacher war, wurde erzählt. Da sagte die Großmutter: „Zum Schindelmachen braucht man eine Goaßbank. Und wenn man die Goasbank bedient, erzeugt sie genau die gleichen Klopfgeräusche, wie ich sie die drei Tage hintereinander gehört habe.“ Nun war ihnen klar, warum sich der alte Mann bei ihnen angemeldet hatte.

Eine Goaßbank, auch Hoanzlbank genannt, ist eine Schnitzbank, wo man mit einem Roafmesser (Zugmesser) Holz bearbeitete.

Kruzifix fällt von der Wand

Ein paar Freunde trafen sich und wollten einmal das Geisterbeschwören ausprobieren, sie hatten sich Tage zuvor darüber unterhalten, ob und wie das funktionieren würde. Einige waren skeptisch, andere sagten, sie glaubten fest daran. Als geeignetes Mittel dazu wollten sie es mit dem sogenannten Glaslrucka probieren. Sie trafen sich in der Wohnung, die einem Pärchen des Freundeskreises gehörte. Sie räumten den Tisch frei, stellten ein Glas mit der Öffnung nach unten auf den Tisch. Danach legten sie die Buchstaben und Zahlen im Kreis um das Glas. Alle Teilnehmer legten einen Finger auf das Glas und einer fragte: „Geist, bist du da?"

Genau in diesem Augenblick fiel das Kruzifix von der Wand auf den Boden, alle erschraken zu Tode und wollten die Beschwörung nicht mehr fortsetzen. Das Kruzifix wurde wieder aufgehängt und die Freunde redeten noch bis in die tiefe Nacht über diesen Vorfall, ob dies nun ein Zufall war oder doch ein Geist, den sie beschworen hatten und der sich so zu erkennen gab. Zum Schluss redeten sich alle ein, dass dies nur ein blöder Zufall war und es keine Geister gibt.

Am nächsten Tag war das Pärchen allein in der Wohnung und schaute Fernsehen, als plötzlich das Kruzifix wieder von der Wand zum Boden fiel. Beide erschraken durch den Krach stark und zuckten zusammen. Es war genau der gleiche Zeitpunkt wie am Tag zuvor. Der Mann untersuchte das Kruzifix, die Halteöse war in Ordnung, der Nagel in der Wand, eigentlich konnte es nicht runterfallen. Wahrscheinlich hatte er es am Tag zuvor nicht richtig aufgehängt, so dachte er.

Am darauffolgenden Tag geschah zur gleichen Zeit wieder dasselbe, mit einem lauten Knall fiel das Kruzifix zu Boden. Nun wurde ihnen diese Sache unheimlich, aber keiner wollte vor dem anderen zugeben, dass er langsam Angst bekam. Dies wiederholte sich die nächsten drei Tag immer wieder, genau zur selben Zeit fiel das Kruzifix zu Boden.

Da die Frau keinen Rat mehr wusste und schon zutiefst beunruhigt war, rief sie ihre Mutter an und erzählte ihr von den Vorfällen.

Ihre Mutter gab ihr den Rat, sie solle eine geweihte Kerze anzünden und beten, um so den Geist aus der Wohnung zu vertreiben.

Die Frau befolgte den Rat, holte sich von der Kirche eine geweihte Kerze und betete einige Vaterunser. Ab diesem Zeitpunkt fiel das Kruzifix nicht mehr runter.

Hatten sie sich einen Geist ins Haus geholt, der sie plagte, oder haben sie Gott erzürnt, da sie das verbotene Geisterbeschwören praktiziert hatten?

Lampe zerspringt

Ein Ehepaar schreckt mitten in der Nacht aus dem Schlaf auf, da es einen lauten Knall am Flur gehört hat. Die Frau fragt verdutzt ihren Mann: „Hast du das auch gehört, oder hab ich geträumt?“ Der Mann bestätigt ihr, dass er den Knall ebenfalls gehört hatte. Beide standen nun auf und schauten vorsichtig in den Flur hinaus, es war der gläserne Lampenschirm, der zerbrochen auf dem Boden lag, der diesen Lärm verursacht haben musste. Da schaltete die Frau das Flurlicht ein und siehe da, die Glühbirne steckte noch in der Fassung und war unbeschädigt. Das Glas des Lampenschirms, das mit dem Gehäuse der Lampe verschraubt war, war immer noch an der Lampe. Der Lampenschirm war unterhalb der Befestigung abgebrochen. Beide wunderten sich, wie dieses sein konnte, die Lampe hing so weit oben, dass niemand an diese hätte stoßen können, auch hatten sie niemanden gehört oder gesehen, der dies verursacht haben könnte, sie waren allein im Haus. Beide waren der Meinung, dass der Lampenschirm wahrscheinlich über die Jahre porös geworden war und deshalb heruntergefallen sei.

Am nächsten Tag in aller früh läutete das Telefon, es wurde ihnen mitgeteilt, dass in der Nacht die Lieblingstante der Frau verstorben war. Als dann die Frau nachfragte, wann genau die Tante gestorben war, wurde ihr genau die Uhrzeit genannt, als beide von dem Knall aus dem Schlaf gerissen wurden. So war sich das Ehepaar sicher, dass sich die Tante bei ihnen angemeldet hatte.

Nächtlicher Besuch

Als eine Frau in eine neue Wohnung zog, erlebte sie nachts im Bett immer merkwürdige Vorfälle. Wenn sie gerade am Einschlafen war, glaubte sie zu spüren, wie wenn etwas aufs Bett springen würde, etwas wie ein Hase oder eine Katze. Auch kam sie oft in der Nacht auf, weil sie merkte, dass irgendwas über ihr Bett lief oder auf ihrem Bett rumsprang. Aber jedes Mal, wenn sie das Licht anmachte, war nichts zu sehen.

Die Frau schob dies auf den Umzugsstress und die dadurch entstandene Müdigkeit, welche ihrem Gehirn einen Streich spielte.

So reagierte sie nicht mehr, wenn sie glaubte, dass wieder etwas ins Bett gesprungen sei und schlief einfach weiter. Nach ein paar Tagen wurde es aber schlimmer, sie bekam einen Schlag an die Schulter, wie wenn sie jemand geboxt hätte. Nachdem sich das mehrmals wiederholt hatte, bekam es die Frau mit der Angst zu tun, dass es sich hier um einen Geist handele, der sie in der Nacht plagte. In ihrer Not wusste sie sich keinen anderen Ausweg mehr, als dass sie ein Vaterunser ans Bett geschrieben hat und siehe da, seitdem ist Ruhe eingekehrt.

Foto: Rudolf Beck

Porzellanpuppe

Die Großmutter und die Mutter waren beide sehr große Liebhaber von Porzellanpuppen und sammelten diese in einem Puppenschrank. Eines Tages kam die Großmutter auf die Idee, eine der Porzellanpuppen ins Zimmer, auf die Couch der Enkelin, zu stellen, sie wollte das Zimmer damit verschönern.

Die Enkelin war aber von dieser Puppe nicht sehr begeistert, sie fühlte sich, seitdem die Puppe im Zimmer war, immer beobachtet. Ihre Augen schienen sie auf Schritt und Tritt zu verfolgen. Die Augen starrten sie immer an und so bekam das Mädchen fürchterliche Angst vor der Puppe. Nach einigen Wochen hielt es das Mädchen nicht mehr aus und setzte, bevor sie ins Bett ging, die Puppe vor die Zimmertüre auf den Boden. So dachte sie sich, wäre der Spuk vorbei und sie konnte wieder ruhig schlafen.

Doch als sie am nächsten Tag aufwachte, traute sie ihren Augen nicht, die Puppe saß wieder auf ihrem Platz auf der Couch und starrte sie mit ihren Augen an.

Das Mädchen fragte beim Frühstücken die anderen Familienmitglieder, ob sie es lustig fanden, die Puppe wieder ins Zimmer zu tragen und auf die Couch zu setzen, aber alle verneinten, die Puppe angerührt zu haben.

Am nächsten Abend stellte sie die Puppe wieder vor die Tür und alles wiederholte sich wie zuvor, als sie aufwachte, saß die Puppe wieder auf der Couch. Dies ging über mehrere Tage so dahin.

Bis das Mädchen die Geduld verlor und eines Abends die Puppe mit einer solchen Wucht auf den Boden warf, dass das Porzellan zerbrach und die Scherben rumflogen.

Ohne jegliches schlechtes Gewissen legte sich das Mädchen ins Bett und war froh, dass die Puppe kaputt war.

Doch am nächsten Tag, als sie ihre Augen öffnete, saß die Puppe wieder auf der Couch und grinste sie an. Das Porzellan hatte keinen einzigen Sprung oder Riss, wie wenn sie nie zerbrochen gewesen wäre.

Da wusste das Mädchen, dass dies Puppe verflucht sei. So kaufte sie sich ein Buch mit magischen Sprüchen und belegte die Puppe mit einem Bannspruch, dies, so hoffte sie, würde helfen. Die Puppe bekam nach einiger Zeit einen Puppenschrank, wo sie eingesperrt wurde.

Jetzt, wo das Mädchen erwachsen ist, steht dieser Puppenschrank mit der Puppe im Garten. Aber jedes Mal wenn sie daran vorbeigeht, glaubt sie immer noch beobachtet zu werden. Die Puppe noch einmal zu zerstören, traut sie sich aber nicht.

Rabenkrähe als Todesbote

Ein Mann wollte seit langem wieder einmal seine Tante besuchen, so fuhren sie nach München, wo diese wohnte. Die Tante freute sich sehr, ihre Verwandten aus dem Bayerischen Wald zu sehen und lud sie gleich zu Kaffee und Kuchen ein. Als sie alle zusammen am Wohnzimmertisch saßen und sich blendend unterhielten, flog eine Rabenkrähe auf das Fensterbrett und schaute ihnen zu. Die Tante wollte die Rabenkrähe versprengen, diese machte aber keine Anstalten, ihren Platz zu verlassen. Da sagte die Tante, dass dies sehr seltsam sei, weil sowas noch nie passiert ist.

Zehn Minuten später klingelte das Handy des Mannes und er erfuhr, dass gerade seine Mutter gestorben sei.

Hatte die Rabenkrähe den Tod angekündigt? Früher galten Elstern und Rabenkrähen als Totenvögel, die den Tod ankündigen.

Schatten

Eine Familie mit zwei Kindern, eine Tochter und ein Sohn, kaufte sich ein neues Haus und zogen dort ein. Da die Kinder oft schon vor den Eltern wach waren, gingen diese dann einen Stock tiefer, um dort gemeinsam zu spielen, ohne dabei die Eltern zu wecken. Sie waren noch nicht lange in dem Haus, als die beiden gerade früh morgens im Wohnzimmer zusammen spielten und den beiden an der Wand ein Schatten auffiel. Es war eine kleine Gestalt, mit einem Hut und spitzen Schuhen. Das Seltsame daran war, dass sich diese Gestalt bewegte und an der Wand entlang bis raus zum Fenster ging. Die Tochter rannte dann durch den Wintergarten bis zur Tür, da sie sehen wollte, wo die Gestalt hin ist. Da fiel ihr auf, dass die Wintergartentür nicht zu war, sondern nur angelehnt. Weil sie die Gestalt nicht mehr sehen konnte, schloss sie die Tür. Plötzlich hörte sie einen fürchterlichen, markerschütternden Schrei, welcher von der Gestalt draußen kommen musste. Erschrocken liefen die beiden Kinder zurück in ihr Kinderzimmer und versteckten sich im Bett. Danach war nie wieder was von dieser Gestalt zu sehen, aber die Tochter bekommt heute noch eine Gänsehaut, wenn sie nur an diesen Schrei denkt.

Schwarze Aura

Ein Mann machte gerade Brennholz am Daschinger Berg. Gerade bückte er sich, um mit seiner Bogensäge eine kleine Fichte abzusägen. Da spürte er, wie ihn jemand von hinten zu Boden drückte, er fühlte, wie es eiskalt wurde. Eine schwarze Aura breitete sich über ihm aus, wie wenn ihm jemand eine Decke aus Dunkelheit über ihn geworfen hätte. Da nahm der Mann alle Kraft zusammen und wollte sich mit einem Ruck umdrehen, um zu sehen, wer ihm das antat. Doch in dem Augenblick war alles vorbei, wie wenn nichts gewesen wäre. Bis heute kann sich der Mann diesen Vorfall nicht erklären.

Schlaflied

Im Sommer 2003, kurz nach der Geburt ihres Sohnes, fuhr eine Familie nach Nizza, wohin sie von Freunden eingeladen worden war, die dort ein Haus von ihrer Mutter geerbt hatten. Die beiden Familien machten dort 14 Tage zusammen Urlaub.

Eines Nachts, kurz nach Mitternacht, wurde die Mutter des kleinen Babys wach, da dieses sehr unruhig war und seine Flasche brauchte. Ihr fiel sofort auf, dass es draußen sehr ruhig war, zu ruhig. Denn normalerweise gibt es um diese Uhrzeit ein Grillenkonzert. Die Mutter ging in die Küche, um die Milchflasche herzurichten, als sie plötzlich jemanden singen hörte. Sie verstand aber den Text nicht, da dieser französisch war. Es hörte sich aber wie ein Schlaflied an. Es war seltsam, sie konnte nicht deuten, woher dieser Gesang kam, er war überall und nirgends, ganz so als würde ihn der Wind umhertragen. Nachbarhäuser gab es nicht, von denen es hätte kommen können.

Sie dachte sich, dass vielleicht die Kinder der befreundeten Familie wach sind und ihre Freundin ihnen ein Schlaflied singt. Nachdem sie ihrem Kleinen die Flasche gegeben hatte, legte sie sich wieder ins Bett und schlief weiter.

Am nächsten Vormittag saßen alle zusammen beim Frühstücken und sie brachte das Erlebte der letzten Nacht zur Sprache. Sie fragte ihre Freundin, ob ihre Kinder in der Nacht unruhig waren, da sie ihnen ein Schlaflied gesungen hatte.

Aber alle gaben an, ruhig geschlafen zu haben und keiner ein Lied gesungen hätte. Da fragte der Vater der anderen Familie, um welches Lied es sich gehandelt hatte. Aber das konnte sie nicht beantworten, da sie kein Französisch konnte, sie sagte nur, dass es sich nach einem Schlaflied angehört hatte. Da stimmte der Bekannte ein Schlaflied auf Französisch an und sie erkannte es sofort wieder. „Genau das war es“, bestätigte sie ihm. Darauf erzählter er, dass dies das Schlaflied war, das ihm seine Mutter, von der sie das Haus vererbt bekommen hatten, immer vorsang, als er damals als kleines Kind nicht einschlafen konnte. Danach waren alle der Meinung, dass sie den Geist der Mutter gehört hatte, der sich immer noch ihrem Haus befindet.

Schritte in der Maschinenhalle

Ein junger Mann arbeitete im elterlichen Betrieb. Es war kurz vor Feierabend, als ihm der Vater die Aufgabe gab, in der Maschinenhalle vor der Werkbank zusammenzukehren. So machte er sich auf den Weg und ging allein in die Maschinenhalle. Dort angekommen, begann er mit der ihm aufgetragenen Arbeit. Plötzlich hörte er hinter sich schnelle Schritte, wie wenn jemand durch die Halle auf ihn zulaufen würde. Er drehte sich um und wollte wissen, wer ihn da besuchen kommt. Aber zu seiner Verwunderung sah er niemanden, obwohl er immer noch die schnellen Schritte deutlich auf dem Pflaster der Halle hören konnte.

Als die Schritte ihn erreichten, durchfuhr ihn ein Windstoß, so dass er sogar etwas nach hinten gezogen wurde. Es fühlte sich an, wie wenn der Wind durch seinen Körper gefahren wäre. Wie wenn jemand durch ihn durchgelaufen sei. Nun war ihm nicht mehr wohl, es schauderte ihn sogar, so entschloss er sich, sofort die Arbeit zu beenden und die Maschinenhalle zu verlassen.

Der junge Mann ging schnurstracks zu seinem Vater und erzählte ihm das Erlebte. Da dieser aber für so etwas nichts übrig hatte und er nur glaubte, dass sich sein Sohn vor der Arbeit drücken wollte, schimpfte er diesen und drohte ihm sogar eine Watsche an, sollte er nicht sofort zurückgehen.

Geknickt, dass ihm sein Vater nicht glaubte, ging der Sohn zurück an die Arbeit, dort fiel an diesem Tag auch nichts Seltsames mehr vor.

Einige Tage später kam ein trauriger Brief von der Schwester seines Vaters, sie schrieb, dass ihr Sohn beim Arbeiten vom Heustadl gefallen war und sich das Genick gebrochen hatte und sofort tot war. Der tödliche Unfall war genau zu der Uhrzeit und an dem Tag passiert, wo der junge Mann dieses Erlebnis in der Maschinenhalle hatte.

Der junge Mann und sein verstorbener Cousin hatten in der Kindheit sehr viel Zeit zusammen verbracht und waren sehr gute Freunde gewesen. Wollte sich der Cousin noch verabschieden?

Schritte im Schnee

Ein Junge musste abends immer die Türe zum Saustall schließen, so auch in dieser Winternacht. Als er zur Haustüre rausging, konnte er ziemlich weit sehen. Es war sternenklar und der weiße Schnee hellte alles auf. So ging er durch den Schnee zum Stall rüber. Nach ein paar Metern hörte er, wie jemand hinter ihm ging, deutlich knirschten Schritte im Schnee. Schnell drehte er sich um, um zu sehen, wer ihn da verfolgte. Aber er sah niemanden, jedoch hörte er Schritte, die schnell durch den Schnee davonliefen.

Da bekam es der Junge mit der Angst zu tun und er lief schnell zu seinem Vater ins Haus. Er erzählte ihm, was draußen vorgefallen war. Der Vater nahm sofort seine Laterne und ging raus, um nachzuschauen, wer da ums Haus schleicht. Er sah aber niemanden, also ging er den Weg zum Stall ab, um Fußspuren zu finden, die der Unbekannte sicher im Schnee hinterlassen hatte. Aber er konnte nur die Fußspuren seines Sohnes finden. Der Vater machte die Türe zum Saustall zu und ging wieder zurück ins Haus. Dort beruhigte er seinen Sohn und sagte ihm, dass er sich das Ganze wahrscheinlich nur eingebildet hätte.

Kurze Zeit später bekamen sie eine Nachricht, dass der Onkel des Jungen genau zu dieser Zeit verstorben ist. Er war sein Taufpate.

Ödfeldkapelle bei Hochdorf

Ein Pärchen wollte am Abend einen uralten Burgstall erkunden, dieser, so wussten sie, war bei der Ödfeldkapelle bei Hochdorf. Sie parkten etwas unterhalb bei der Salzhalle und gingen den Feldweg Richtung Kapelle. Dort angekommen, sahen sie sich die Wallmauern an, welche heute noch im Wald hinter der Kapelle sind. So kam es, dass sie die Zeit vergaßen und die Sonne unterging. Im Dämmerlicht machten sie sich auf den Rückweg, doch plötzlich hörten sie in der Nähe der Kapelle ein Baby weinen. Irritiert gingen sie in die Richtung, wo sie das Weinen hörten, um nachzusehen, was das zu bedeuten hatte. Doch auf einmal kam das Weinen von einer anderen Stelle im Wald, wieder folgten sie diesem Weinen, welches bald wieder verstummte und an anderer Stelle wieder zu hören war. Dieses Spiel ging noch ein paar Mal so weiter, nie war was zu finden und immer wieder kam dieses Weinen aus einer anderen Richtung. So wurde ihnen nach kurzer Zeit mulmig zu Mute, da dies nicht mehr mit rechten Dingen zugehen konnte. Da es immer dunkler wurde und sie es mit der Angst zu tun bekamen, beschlossen sie, diesen Ort so schnell wie möglich zu verlassen und zum Auto zu gehen. Das Weinen des Kindes verfolgte sie aber noch ein gewisses Stück, einmal rechts vom Weg, dann wieder links. Die beiden gingen immer schneller und waren erleichtert, als sie heil beim Auto ankamen. Nie mehr wollten sie diesen Ort bei Dämmerung oder in der Nacht besuchen.

Laut alten Geschichten musste dort, wo diese Befestigung stand, eine blutige Schlacht gewesen sein, waren es die verdammten Geister der gefallenen Krieger, welche das Pärchen so ängstigte?

Schwarzer Hund beim Hohen Bogen

In der Zeit kurz vor dem Zweiten Weltkrieg musste ein junger Mann aus Neukirchen b. Hl. Blut in seiner Lehrzeit die landwirtschaftliche Berufsschule in Kötzting besuchen. Um dort hinzukommen, hatte er einen Fußmarsch von 15 Kilometern zu gehen, fünf davon gingen am Fuß des Hohen Bogen durch den Wald.

Am ersten Schultag, es war ein Montagmorgen, ging er von zu Hause weg, in Richtung des Waldes, den er zu durchqueren hatte. Kurz bevor er am Waldrand ankam, sah er, dass dort ein sehr großer schwarzer Hund war. Als der junge Mann in den Wald ging, folgte ihm der schwarze Hund, aber immer in einem gewissen Abstand. Als er dann aus dem Wald herauskam, blieb der Hund am Waldrand stehen und folgte ihm nicht weiter.

Da er, wenn Berufsschule war, unter der Woche bei Verwandten in Kötzting übernachtete, dachte er nicht mehr an den Vorfall. Am Samstagmorgen machte er sich dann wieder auf den Heimweg und wieder kam er zu dem Wald am Fuße des Hohen Bogen. Am Waldrand angekommen, traute er seinen Augen nicht, wieder wartete dort dieser große schwarze Hund und wieder folgte er ihm, bis er den Wald durchquert hatte.

Das Seltsame an dieser Sache war, dass sich dieses Ereignis immer wiederholte, jedes Mal wenn der junge Mann in die Berufsschule musste, wartete der mysteriöse Hund auf ihn. Die erste Zeit hatte der Mann Angst, da der Hund so groß war und sich auch durch Schreien nicht vertreiben ließ. Auch konnte er sich nicht erklären, dass der Hund ja genau wissen musste, wann er von der Schule zurückkehrte, denn stets wartete er auf ihn.

Da der Hund aber nie den Anschein machte, dass er ihn angreifen würde, verflog bald seine Angst vor dem Hund. Oft fragte er Leute, die ihm begegneten, ob sie wüssten, wem der Hund gehörte, aber keiner kannte jemanden, der so einen großen schwarzen Hund besaß. Bis zu seinem Lebensende konnte er sich den ominösen schwarzen Hund nicht erklären.

Das Erscheinen von schwarzen Hunden steht oft für den Tod oder für Orte des Todes, wie Kultstätten eines Totengottes. War dieser Bergwald am Fuße des Hohen Bogen früher der Ort einer heidnischen Todesgottheit oder gar ein Begräbnisort unserer Vorfahren? Vielleicht wollte der schwarze Hund nur sichergehen, dass der junge Mann die Ruhe der Seelen nicht störte oder aber ihn vor diesen beschützen?

Tote gehen im Altenheim um

Eine Altenpflegerin erzählte, dass es oft seltsam zugeht im Altenheim, wenn jemand stirbt. Wenn sie eine Kontrollrunde, mehrere Tage nach dem Tod eines Bewohners des Altenheims geht, schlagen hinter ihr die Türen zu, die vorher nicht geöffnet waren. Gläser fallen runter, obwohl niemand in der Nähe gewesen ist, dies geht solange, bis eine bestimmte, etwas rabiate Altenpflegerin wieder Dienst hat. Diese fängt dann zu schreien an, dass jetzt endlich Ruhe sein muss: „Verlass das Haus“, befiehlt sie dem oder der Toten. Danach ist wieder Ruhe und es passieren keine seltsamen Vorfälle mehr, bis wieder jemand stirbt.

Anmelden

Das An- oder Abmelden

Wenn sich Sterbende bei Familienmitgliedern oder guten Bekannten bemerkbar machen, so dass diese genau an die sterbende Person denken … wenn zur Sterbestunde etwas Seltsames passiert, was zu diesem Zeitpunkt nicht erklärbar ist, sondern erst einen Sinn ergibt, wenn man weiß, dass jemand genau zu diesem Zeitpunkt gestorben ist … oder wenn jemand genau zur Sterbezeit eine Vorahnung oder einen Traum hat, dann wird das im Bayerischen Wald als Anmelden oder auch Abmelden bezeichnet.

Es ist eine Geistererscheinung, die nichts mit Angst zu tun hat, sondern eher als eine ehrwürdige Erfahrung empfunden wird. Man ist stolz, dass sich der Sterbende verabschiedet hat und so seine enge Verbindung gezeigt hat.

Was genau hinter dieser Erscheinung steckt, lässt sich nicht genau erklären. Manche sind der Meinung, dass es hier zwischen den sich wertschätzenden oder liebenden Menschen eine Seelen- oder Geistesverbindung gibt und so das Ableben der anderen Person durch Telepathie weitergegeben wird. Andere sagen, die Seele des Verstorbenen besucht die liebgewonnen Menschen noch einmal, um sich zu verabschieden, bevor sie ins Jenseits wechselt.

Was dann schon für einen Geist sprechen würde: Wenn die Seele, bevor sie ins Jenseits wechselt, zuerst die geliebten Menschen aufsuchen kann – kann sie sich, aus welchem Grund auch immer, vielleicht auch weigern, diese Erde zu verlassen? Es gibt viele Berichte, dass einige Menschen nach dem Tod immer noch an bestimmten Orten spuken. Möglicherweise können ihre Seelen nicht ins Jenseits wechseln, da sie noch an etwas hängen oder etwas noch nicht erledigt ist. Vielleicht dürfen bestimmte Seelen auch noch nicht ins Jenseits wechseln, da sie auf Erden etwas abzubüßen haben. Hier gibt es viele Geschichte, dass Menschen, die zu Lebzeiten schlecht waren, noch lange umgehen mussten.

Ankündigung

Eine Familie lebte und arbeitete auf einem Bauernhof. Wie viele Bauern hatten sie in einer Ecke der Küche einen Herrgottswinkel, wo das Kreuz hing. Unter dem Kreuz war ein Brett, auf dem eine Vase stand, die immer mit Blumen gefüllt war, dieses Brett war mit Schrauben an der Wand befestigt. Eines Tages war die Bauersfrau draußen im Hof und hatte einige Arbeiten zu verrichten. Plötzlich hörten sie aus dem Haus ein lautes Geräusch, wie wenn etwas Schweres runtergefallen war. Sie rannte schnell ins Haus und sah, dass dieses Brett samt Vase runter auf den Fußboden gefallen war. Es kam ihr etwas seltsam vor, da erstens die Schrauben noch in der Wand steckten und sich das Brett gar nicht lösen hätte können und das laute Geräusch auch nicht vom Brett und der Vase verursacht werden konnte. Aber es war so, wie es war und da die Vase nicht mal zerbrochen war, machte sie sich auch keine Gedanken mehr darüber. Als der Bauer abends zu Haus war, schraubten sie das Brett wieder in die Wand, auch dem Bauer kam es seltsam vor, weil nicht mal die Löcher im Brett ausgerissen waren und er sich keinen Rat wusste, wie das Brett runterfallen konnte. Genau eine Woche später war die Bauersfrau wieder im Hof und verrichtete einige Arbeiten, als sie das gleiche laute Geräusch hörte. Diesmal kam es aber aus dem Stadl, wo der Bauer gerade arbeitete. Die Frau lief schnell in den Stall und sah mit Schrecken, dass der Bauer vom oberen Stockwerk auf eine landwirtschaftliche Maschine gefallen war und reglos dort lag. Der herbeigerufene Notarzt konnte nur noch den Tod feststellen, der Bauer musste sofort tot gewesen sein, sagte der Arzt. Die Frau des Bauern war sicher, dass sich der Tod des Bauern eine Woche vorher angekündigt hatte.

Das Zeichen

Ein Ehepaar hatte sich von seinem Afrikaurlaub eine große geschnitzte Holzmaske als Andenken mitgenommen. Diese hängten sie mit Schraube und Dübel im Wohnzimmer auf. Einige Zeit nach dem Urlaub wurde bei dem Mann Krebs im Endstadium diagnostiziert. Als sich das Ehepaar eines Abends über den bevorstehenden Tod unterhielt, sagte die Frau zu ihrem Mann, dass sie nicht daran glaube, dass nach dem Tod noch was kommt. Der Mann sagte aber zu ihr, dass er fest daran glaube, dass es ein Leben nach dem Tode gibt. Weiter sagte er, wenn dies wirklich so ist, dann werde er ihr ein Zeichen geben. Bei diesem Satz sah er auf die Maske und sagte, wenn es so ist, dann lasse ich diese Maske auf den Boden fallen. Kurze Zeit darauf verstarb der Mann. Etwa drei Wochen nach dem Todestag ging die Frau gerade ins Wohnzimmer, als plötzlich die Maske von der Wand auf den Boden fiel. Niemand war in der Nähe, niemand konnte sie heruntergestoßen haben. Als sich die Frau das Ganze genauer ansah, stellte sie fest, dass die Schraube nicht aus dem Dübel gerissen worden war, sondern dass jemand sie herausgedreht hatte. Nun war sie sich sicher, dass dies das von ihrem Mann versprochene Zeichen war, und glaubte ab da auch an ein Leben nach dem Tod.

Der Tante geht es nicht gut

Eine Frau lag im Bett und hatte einen Albtraum. Sie träumte, dass es ihrer krebskranken Tante sehr schlecht geht. Da es ihre Lieblingstante war, ging ihr der Traum sehr nahe und so weckte sie ihren Mann und sagte ihm, dass sie einen schlimmen Albtraum hatte, und erzählte ihm diesen. Sie fragte ihn, ob er sie nicht in den Arm nehmen könnte, damit sie weiter schlafen kann. Der Mann ruckte rüber und nahm seine Frau in den Arm, es war halb sechs Uhr morgens. Beide schliefen wieder ein, bis eine halbe Stunde später das Telefon klingelte und die Mutter der Frau dran war. Sie erzählte, dass die Tante gerade vorhin gestorben sei. Die Frau war sich sicher, dass sich ihre Tante bei ihr angemeldet hatte, weil sie so ein gutes Verhältnis hatten.

Dreimal ans Bett geklopft

Ein kleines Mädchen und ihr Bruder durften bei ihrer Oma übernachten. Dies taten sie sehr gern, da sie die Zeit dort sehr genossen.

In dieser Nacht wurden beide von der Oma geweckt, diese fragte die beiden: „Habt ihr auch das Klopfen ans Bett gehört? Dreimal kurz hintereinander.“ Doch die Kinder hatten es nicht gehört, so dachte sich die Oma, dass sie es geträumt hatte und schlief weiter. Am nächsten Morgen bekamen sie die Nachricht, dass ihr Vermieter in der Nacht einen tödlichen Unfall hatte. Es war genau zu der Zeit, als die Oma das Klopfen hörte.

Freund meldet sich an

Ein Frau und ihr Bekannter unterhielten sich über das Leben nach dem Tod, ob es da was gibt oder ob nach dem Tod nichts mehr kommt. Da sie sich beide nicht einig waren, machten sie im Spaß aus, wenn der erste von ihnen beiden stirbt, dann soll derjenige sich bei dem anderen melden. Ein paar Jahre später verunglückte der Bekannte bei einem Motorradunfall tödlich. Die Frau lag in der Nacht schlaflos im Bett und dachte an ihren Bekannten, da fiel ihr das Abkommen ein, das sie vor Jahren einander gemacht hatten. Da rief sie laut seinen Namen und sagte, wenn es was nach dem Tod gibt, gib mir ein Zeichen. Im selben Moment klopfte es dreimal hintereinander im Haus, als ob jemand auf Holz klopfen würde. Das Klopfen kam nicht von draußen, sondern es war klar und deutlich zu hören, dass es innerhalb des Hauses war. Da außer ihr keiner im Haus war, war sie sich sicher, dass dieses Zeichen von ihrem Bekannten kam und es so nach dem Tod etwas geben musste.

Eiskalte Hand

Ein Mann lag im Bett und schlief. Plötzlich wurde er wach, da er eine Hand auf seinem Rücken spürte. Er dachte sich, dass vielleicht seine Frau im Schlaf die Hand nach ihm ausstreckte, wie sie es öfter tat. Doch diesmal war diese Hand eiskalt. Er drehte sich um, da er schauen wollte, warum seine Frau so kalte Hände hatte. Doch seine Frau schlief tief und fest, lag sogar von ihm abgewandt im Bett. Da dachte er sich, dass er alles wohl geträumt haben müsste, schaute noch kurz auf die Uhr und schlief weiter. Früh am nächsten Morgen läutete das Telefon, die Mutter des Mannes erzählte ihm die traurige Nachricht, dass sein Vater heute Nacht unverhofft verstorben sei. Als er nach der Uhrzeit fragte, lief es ihm kalt den Rücken runter, es war dieselbe Zeit, wo er die kalte Hand am Rücken gespürt hatte. Er ist der festen Meinung, dass sich sein Vater so bei ihm angemeldet und verabschiedet hatte.

Geist der Mutter

Von einem Mädchen war die Mutter schon lange Zeit sehr krank, als das Mädchen die Mutter eines Tages fragte, ob sie wieder gesund werde, sagte ihr die Mutter: „Nein ich muss bald gehen, aber hab keine Angst, ich werde immer bei dir sein und auf dich achten“. Das Mädchen war sehr traurig und wollte das von der Mutter Gesagte am besten gleich wieder vergessen. Am nächsten Tag starb aber die Mutter, wie wenn sie es tags zuvor schon gewusst hätte. Von diesem Tage an, hatte das Mädchen immer das Gefühl, wie wenn jemand sie begleiten würde. Durch den Satz ihrer Mutter, am Vortag ihres Todes, war das Mädchen sicher, dass dies ihre Mutter sei, die als Geist auf ihr kleines Mädchen achtet und es vor allem beschützt. Nun waren einige Jahre vergangen, das Mädchen wurde zur jungen Frau, da kam es, dass ihr Vater schwer erkrankte. Die junge Frau machte sich große Sorgen, da sie nicht auch noch ihren Vater verlieren wollte. Als sie dann an diesem Tag wieder die Anwesenheit ihrer Mutter spürte, sagte sie zu ihr: „Mama, ich bin jetzt schon fast erwachsen und kann selber auf mich aufpassen, Vater geht es sehr schlecht, bitte kümmere dich um ihn.“ Am nächsten Tag, als sie ihren Vater sah, ging es ihm deutlich besser, er sagte zu seiner Tochter: „Ich glaube deine verstorbene Mutter war heute Nacht bei mir, ich habe deutlich ihre Anwesenheit gespürt, mir kam es so vor, als streichelte sie über meinen Kopf.“ Von diesem Tag an ging es mit der Gesundheit des Vaters wieder bergauf und er erholte sich voll und ganz.

Geist öffnet die Türe

Ein Mann ging früh am Abend ins Bett und wollte dort noch etwas lesen, seine Kinder lagen schon in den Kinderzimmern, seine Frau war im Untergeschoss im Wohnzimmer und schaute einen Film an. Plötzlich bewegte sich die Türklinge der Schlafzimmertür langsam nach unten und die Tür ging einen kleinen Spalt auf. Als nach einer Zeit keiner ins Zimmer kam, fragte der Mann, wer da vor der Tür sei, bekam aber keine Antwort. Da wurde es ihm seltsam zu Mute und er stand auf um nachzusehen wer vor der Tür steht. Als er die Tür weiter aufmachen wollte, zog von draußen jemand dagegen und die Tür verschloss sich wieder. Der Mann wollte die Türe öffnen, aber jemand hielt von draußen dagegen. Auch als er mit roher Gewalt an der Türe zog, konnte er sie nicht öffnen, nur einen kleinen Spalt brachte er sie auf, dann wurde aber von draußen wieder stärker dagegen gezogen, so dass die Tür gleich wieder zu war. Das konnte eigentlich nicht sein, da er immer noch an einen Scherz seiner Frau oder der Kinder dachte. Er war viel stärker als diese und keiner hätte die Türe gegen ihn ziehen können. Nun dachte sich der Mann, er wolle den draußen Stehenden überraschen und zog mit aller Gewalt, sehr schnell an der Tür, aber es war kein Widerstand mehr zu spüren, die Türe ließ sich leicht öffnen, als ob nie jemand dagegen gehalten hätte, auch auf dem Gang war niemand zu sehen oder zu hören. Der Mann ging in die Kinderzimmer und schaute, ob diese vielleicht etwas damit zu tun hatten, diese lagen aber tiefschlafend in ihren Betten. Dann ging der Mann runter zu seiner Frau ins Wohnzimmer und fragte sie, ob sie gerade oben war und ihm die Tür zuhielt. Diese war aber ganz überrascht und verneinte dies, sie habe das Wohnzimmer nicht verlassen und die ganze Zeit den Film angesehen. Verstört von dem Vorfall ging der Mann wieder ins Bett. Am nächsten Tag, als er in seinem Betrieb war, bekam die Nachricht, dass sich ein Mitarbeiter in der letzten Nacht das Leben genommen hatte, der Todeszeitpunkt stimmte genau mit der Zeit überein, als bei dem Mann die Schlafzimmertür aufging. Einige Tage später bekam der Mann Besuch vom Finanzamt, da ihn jemand angeschwärzt hatte, dass er Steuern hinterziehe. Nach einiger Zeit bekam er heraus, dass es der Mitarbeiter war, der sich das Leben genommen hatte.

Hund spürt den Geist des Herrchens

Eine Familie hatte einen Hund, mit dem der Vater immer Gassi ging. Die beiden waren in der ganzen Gegend bekannt, da sie immer ganz vertraut durch das Gelände streiften. Im Jahre 1992 verstarb aber der Vater, von da an kümmerten sich die Tochter und die Mutter liebevoll um den Hund. Etwa zwei Wochen nach dem Tod des Vaters saßen Mutter und Tochter am Abend im Wohnzimmer und schauten fern, als plötzlich der Hund aufsprang, zu einer Ecke des Raumes lief, mit dem Schweif wedelte und ganz leise wuffte. Genau so, wie er es immer gemacht hatte, als der Vater von der Arbeit nach Haus kam. Am ersten Abend dachten sich die beiden nichts dabei, aber es wiederholte sich viele Tage hintereinander. Die beiden waren dann der gleichen Meinung, dass der Geist des Vaters sie besucht und der Hund ganz deutlich die Anwesenheit seines geliebten Herrchens spürte.

Klopfen im Küchenbuffet

Eine Familie bekam die Nachricht, dass ihr Sohn vermisst gemeldet worden ist. Er war von einem Fronteinsatz nicht mehr zu seiner Einheit zurückgekehrt.

Traurig, aber auch mit der Hoffnung, dass er doch noch nicht tot ist ist, lebten die Familienangehören weiter. Einige Tage, nachdem sie die Nachricht erhalten hatten, saßen alle zusammen beim Abendessen, da klopfte es plötzlich im Küchenbuffet, obwohl keiner dort war. Sie konnten sich das Klopfen nicht erklären. Da sagten die Alten, dass er jetzt gestorben sein musste, da ihn der Erdschmied mit seinem Klopfzeichen angekündigt hat.

Einige Zeit später kam dann tatsächlich die Nachricht, dass der Sohn in Kriegsgefangenschaft verstorben war – und zwar an dem Tag, als die Familie die Klopfzeichen gehört hatte.

Kopfverband

Eine Frau war allein zu Haus, als sie zum Fenster hinausschaute und ihren Augen nicht traute. Sie sah ihren Bruder, der einen Kopfverband trug. Da dieser in der Wehrmacht eingezogen und an der Front war, dachte sie, dass er verwundet worden war und nach dem Lazarett nun Heimaturlaub bekommen hatte. Freudig rannte sie zur Tür raus, doch als sie draußen war, konnte sie ihren Bruder nicht finden. Sie rief nach ihm, bekam aber keine Antwort. Verwirrt ging sie wieder ins Haus und dachte, dass sie sich wohl getäuscht haben müsste. Einige Zeit später bekam sie einen Brief von der Wehrmacht, dass ihr Bruder heldenhaft an der Front gefallen sei. Als sie auf das Sterbedatum schaute, traute sie ihren Augen nicht: Es war der Tag, als sie glaubte, ihren Bruder gesehen zu haben.

Lauter Schlag

Eine Familie mit drei Kindern verbrachte den Abend zu Haus, die Eltern sahen gerade Fernsehen und die Kinder spielten in den Zimmern, als plötzlich ein lauter Schlag zu hören war. Es hörte sich an, als wäre ein großer Schrank umgefallen. Die Mutter rannte sofort zu der Tochter ins Zimmer, die schaute sie aber ebenfalls erschrocken an. Da bei ihr alles in Ordnung war, lief sie zum Zimmer der beiden Brüder, aber auch hier war nichts Seltsames festzustellen. Dann fiel der Verdacht auf den Hund, aber dieser lag neben der Couch und hatte sich nicht bewegt. Alle Familienmitglieder hatten den lauten Schlag in der Wohnung gehört, aber keiner wusste, woher er kam oder was ihn verursacht hatte. Mit einem komischen Gefühl legten sich später alle schlafen. Am nächsten Tag erhielt die Familie eine traurige Nachricht: Die Urgroßmutter der Kinder war am Abend eingeschlafen und nicht mehr aufgewacht. Nun waren sich alle sicher, dass sich die Urgroßmutter bei ihnen angemeldet hatte, dass sie diese Welt nun verlassen musste.

Letzte Worte

Ein deutscher Wehrmachtssoldat war gegen Ende des Krieges in einem Dorf in den Ardennen eingesetzt. Eines Tages kamen sie in einen Hinterhalt und der Soldat wurde angeschossen. Kurz bevor der Mann starb, kam noch ein Priester zu ihm und schrieb seine letzten Worte auf, um sie dann seiner Mutter zu senden.

Genau zu der Zeit, als der Soldat starb, wachte seine Schwester auf und sah ihren Bruder im Türrahmen stehen. Er sagte nichts, hob nur grüßend die Hand und verschwand.

Am nächsten Morgen dachte sich die Frau, dass sie das alles nur geträumt habe und sagte nichts zu ihrer Mutter, bei der sie gerade am Tisch saß. Da kam schon völlig aufgeregt ihre Nachbarin angerannt, die wahrscheinlich nach dem Krieg die Schwiegermutter des verstorbenen Soldaten geworden wäre.

Sie erzählte, dass ihr der Soldat in der Nacht erschienen sei und immer wieder nach seiner Mutter gerufen habe, worauf dann die Mutter sagte: „Er ist mir auch erschienen, ich habe ihn immer rufen gehört: Mutter, hilf mir, es tut so weh."

Lange Zeit später kam dann die offizielle Bestätigung, dass der Soldat gefallen war. Der Todeszeitpunkt war in der Nacht, als er den drei Frauen erschienen war. Bei dem Brief waren auch die letzten Worte, die der Priester aufgeschrieben hatte: „Mutter, hilf mir, es tut so weh!"

Der Verstorbene hat seine letzte Ruhe am Soldatenfriedhof in Kloster Steinfeld in der Eifel gefunden.

Letztes Zeichen

Eine Tochter und ihre Mutter hatten zu Lebzeiten schon eine sehr ehrliche, offene und tiefgründige Umgangsweise miteinander. Eines Tages wurde bei der Mutter Krebs diagnostiziert. Als es dann ins Endstadium ging und der Tod nicht mehr weit war, rief der ältere Bruder an und teilte der Schwester mit, dass es zu Ende gehe und alle nochmal zu der Kurzpflegeeinrichtung kommen sollten. Die Schwester fuhr sofort los, nach und nach trafen die näheren Verwandten ein und wollten der sterbenden Frau noch einmal Lebewohl sagen.

So gegen sieben Uhr abends bat die im Sterben liegende Frau, dass sie allein gelassen werden sollte. Gegen Mitternacht bekam die Tochter den Anruf, dass ihre Mutter gestorben war. Müde und traurig legte sich die Tochter wieder ins Bett und war ganz ruhig. Es dauerte nicht lange, dann erschien ihr ihre Mutter im Traum. Sie führte sie durch ihr ganzes Leben, zeigte ihr Stationen, die sie ihr zu Lebzeiten nicht gezeigt und gesagt hatte. Auch sagte sie ihr, was für die Tochter noch wichtig war und wo sie ihre Mutter zu Lebzeiten nicht verstanden hatte. Sie zeigte ihr auch Situationen, in denen die Tochter der Mutter helfen wollte, wo die Mutter sie aber nicht verstanden hatte. Wahrscheinlich wollte sie sich im Nachhinein dafür bedanken. Dies dauerte gefühlt sehr lange, war aber in Wirklichkeit eher kurz.

Am nächsten Tag hat die Tochter ihre zwei Kinder und ihre Nichte getroffen und sie erzählten unabhängig voneinander, dass sie gegen Mitternacht eine weiße Lichtsäule in ihren Zimmern gesehen haben. Alle drei waren der gleichen Meinung, dass sich ihre Großmutter bei ihnen verabschiedet hatte.

Durch diese Erscheinungen wurde ihnen in ihrer Trauerbewältigung geholfen, da sie wussten, dass die Seele der Verstorbenen weiterlebt.

Nachwort

Ein Buch kann nur entstehen, wenn einem dafür Zeit gegeben wird, für diese Zeit und Geduld möchte ich mich bei meiner Frau Katharina und meinen beiden Kindern Maximilian und Thomas bedanken. Ohne die Unterstützung der Familie bei den Vorträgen, Wanderungen und den Recherchen würde es das Projekt »Mystischer Bayerischer Wald« nicht geben. Ich danke und liebe euch dafür.

Für diese Arbeit braucht man Inspirationen, hier möchte ich vor allem zwei Männern danken. Einmal Jakob Wünsch, der für mich ein großes Vorbild ist und mich mit jedem Gespräch mehr und mehr dazu anregt, in die Geschichte und Mystik unserer Heimat einzutauchen. Es freut mich sehr, dass er sich dafür bereit erklärt hat, bei diesem Buch das Vorwort zu schreiben.

Zum Zweiten meinem besten Freund Wolfgang Schreil, der mir die Gelegenheit gibt, bei nächtelangen Gesprächen über den Bayerischen Wald, dessen Natur wieder neu zu entdecken, zu bewundern und meine Seele wieder in Ruhe und Einklang zu bringen.

Ebenso gibt es viele Helfer, ohne die dieses Buch nicht zustande gekommen wäre, Stephanie Leppert, die mir bei der Rechtschreibung zur Seite steht.

Walter Fichter, der mir das Cover angefertigte und viele Tipps gegeben hat.

Allen mitwirkenden Fotografen möchte ich einen Dank aussprechen, die meine Ideen umsetzten und mir die Bilder zur Verfügung stellten, vor allem Frank Gesink, der mir das Frontbild für das Buchcover gemacht hat.

Zum Schluss, natürlich würde es kein Buch, ohne einen Verlag geben, der dies veröffentlicht. Ein großer Dank geht an den Ohetaler Verlag, der es mir möglich gemacht hat, nun mein 9. Buch zu veröffentlichen.

Es ist nicht selbstverständlich, dass auch kleinen Autoren dies möglich gemacht wird.

Josef Probst

Quellen

Sagen:

Helene Reißmann

Frank Seidel

Margit Böhmerl

Günther Hackl

Rosalie Probst

Julia Kalide

Wolfgang Schreil

Jakob Wünsch

Helene Blättel

Kathrin Oberberger

Angela Stelzl

Peter Mühlbauer

Georg Muckenthaler

Christian Blüml

Philipp Schmidt

Andi Rankl

Matthias Larsen

Xaver Multerer

Christl Wackler

Elvira Spiga

Katharina Zankl

Senta

Annelore Oberndorfer

Tamara Lang

Cornelia Haimerl-Brem

Stefan Riederer

Sabine Wanninger

Katharina Probst

Sepp Probst

Claudia Kusser – Ruhland

Marion Perisom

Heike Schuhmacher

Christine Süßner

Valentina Schmidt

Petra Dendorfer

Karl Wagner

Michaela Deger

Irene Willleitner Jansen

Marion Müller

Erika Zimmermann

Franziska Meidinger

Nicole Lang

Christina Mühlbauer

Jenny Paukner

Michaela Stolz

Petra Alice

Daniela Meissner

Alexandra Lau

Ludwig Kasperbauer

Jennifer Koralewski

Helene Blättel

Maria Weiderer

Übersetzung der altdeutschen Schrift:

Waldtraud Probst

Anna Helml

Jakob Wünsch

Fotos:

Sepp Probst

Wolfgang Schreil

Dietmar Beck

Stephanie Leppert

Na_Ma_De-Fotografie

Hotshots Frank Gesink

H&K Photografie

Arek Czaja

Model Sunshine

Anne Fritsch

Jennifer Zahn

Nadine

Sonja Bielmeier

Cover:

Walter Fichter

Grafikbüro Fichter

Korrektur:

Stephanie Leppert

Vorwort:

Jakob Wünsch

Der Autor

Geboren am 20.09.1975

1982 – 1992 Grundschule Regen

Hauptschule Regen

Realschule Regen

1992 – 1996 Ausbildung zum Radio & Fernsehtechniker

1996 – 1997 Bundeswehr Germersheim / Freising

seit 1997 Elektronik-Facharbeiter bei der Fa. Zollner in Zandt

2007 Hochzeit mit meiner Frau Katharina

2007 Geburt meines Sohnes Maximilian Josef

2009 Erscheinung des ersten Buches

„Zwischen Geißkopf und Arber“

2009 Geburt meines zweiten Sohnes Thomas Benedikt

2010 Erscheinung des zweiten Buches
„Zwischen Lusen und Osser“

2011 Erscheinung des dritten Buches
„Zwischen Rachel und Kaitersberg“

2013 Erscheinung des vierten Buches
„Zwischen Dreisessel und Hohenbogen“

2015 Erscheinung des fünften Buches
„Mystischer Bayerischer Wald“

2016 Erscheinung des sechsten Buches
„Rauhnächte im Bayerischen Wald

2017 Erscheinung des siebten Buches
„Woid Mythen“

2018 Erscheinung des achten Buches
„Mystische Wanderziele“

Zwischen Geißkopf und Arber

Dieses Buch lässt uns in die längst vergangene Zeit unserer Vorfahren blicken, welche Bräuche sie im Laufe des Jahres hatten und an was sie glaubten.

Mythen aus dem 2. Weltkrieg im Bayerischen Wald.

Zwischen Lusen und Osser

Wie bereits in seinem ersten Buch begleitet uns Josef Probst auch „Zwischen Lusen und Osser“ nicht nur geografisch durch den Bayerischen Wald sondern auch auf einer Reise durch Geschichte, Brauch und Denkweise.

Zwischen Dreisessel und Hohenbogen

Dieses Buch beinhaltet eine Sammlung von: - Bräuchen, die noch lebendig sind, aber immer mehr in Vergessenheit geraten. - Sagen aus dem Bayerischen Wald. - Erklärungen zu Sagengestalten, - Wissenswertes und Gedichte über die Rauhnächte. - Waidlerrezepte aus Uromas Zeiten. - Sprüche aus dem Bayerischen Wald. - Lustige Geschichten. - Wissenswertem aus dem Leben unserer Vorfahren. - Und vielem mehr…

Zwischen Rachel und Kaitersberg

Einer Reise durch Geschichte, Brauch und Denkweisen von Land und Leuten. • was an Bräuchen hier lebendig war oder noch ist • welche Sagen sich die Menschen erzählten • was sie fürchteten und was sie amüsierte • Rezepte für Getränke und Speisen • lustige Erwachsenen- und Kinderspiele • Wissenswertes und Mythen aus alten Zeiten • Sagen und Sagengestalten • Burgen und ihre Geschichten.

Mystischer

Bayerischer Wald

Sagenumwobene Orte, Volkssagen und Geistergeschichten aus dem Bayerischen Wald. Berichte über die Drud, die weiße Frau und vorchristliche Opferschalen auf dem Teufelstisch.

Weiter behandelt das Buch Teufelssagen, Mystische Orte wie z. B. den Weizriegel, es erzählt von glühenden Fußabdrücken, dem schwarzer Geisterhund, dem Boandlkramerhund und einem Buckelgeist.

Zahlreiche Geschichten, über das Anmelden der Toten, Irrlichter, Hexen und vielen weitere...

Rauhnächte

im Bayerischen Wald

Dieses Buch lässt uns in die mystische Welt unserer Vorfahren zur Rauhnachtszeit blicken. Wie sie diese dunkle Jahreszeit empfanden und nutzten, um in die Zukunft zu schauen, und das Schicksal umzulenken versuchten.

Auch heute können wir von diesen uralten Bräuchen und Verhaltensweisen lernen, das Leben zu entschleunigen und dem Burnout zu entkommen.

Woid Mythen

In diesem Buch werden dunkle Sagen und gruselige Sagengestalten des Bayerischen Waldes, mit Bild und Text erklärt.

Mit Hilfe des Krampusvereins „D´Woid Krampal“ wurden die verschiedenen Sagengestalten, wie die Drud, der Teufel, der Totenbachmann, die Pfahlhexe und viele weitere nachgestellt und fotografiert.

Mystische Wanderziele

Do schau her12

Das Buch »Mystische Wanderziele«, soll sie in eine längst vergangene Zeit unserer Vorfahren führen. An was sie glaubten, wie sie mit der Natur lebten und wie wir durch uralte überlieferte Sagen, dies enträtseln können.

Viele dieser hier aufgezeigten Orte weisen auf eine lange Besiedlung des Bayerischen Waldes hin, viel länger als es bis jetzt noch in einigen Lehrbüchern steht und an Schulen unterrichtet wird.

Nur wer die Vergangenheit kennt, kann die

Gegenwart verstehen und die Zukunft meistern.

Vorträge über:

Rauhnächte im Bayerischen Wald

Die Sagenwelt des Bayerischen Waldes

Sagen und Geschichtenabende

Wanderbegleitung zu mystischen Orten im Bayerischen Wald

Buchbar unter:

Josef Probst

Telefon: 09921 2813

Facebook: Mystischer Bayerischer Wald